यह पुस्तक पूजा-पाठ तथा भक्ति साधना के प्रति समर्पित जन-समुदाय को संकल्प-शक्ति देगी तथा वैचारिक शुद्धि प्रदान करेगी, इसमें पूजा-साधना के विधान, कर्मकाण्ड आदि के प्रयोजन, उनकी प्रामाणिक एवं शास्त्रीय पद्धति, इन सबकी वैज्ञानिक-व्याख्या, सनातन धर्म और भक्ति की प्रतिनिधि, अनेक सांस्कृतिक कार्यों, विधानों तथा संकल्पों के प्रभाव आदि का विवेचन, विभिन्न स्तोत्रों की प्रस्तुति और उनके महत्त्व का प्रतिपादन तथा अनेक रक्षा कवच आदि का बोध कराने जैसे अनेक आयाम हैं, जो इस पुस्तक की शक्ति बने हैं।

पूजा

क्यों और कैसे?

आचार्य विमलेश कुमार शास्त्री

डायमंड बुक्स

प्रकाशक : डायमंड पॉकेट बुक्स (प्रा.) लि.
X-30 ओखला इंडस्ट्रियल एरिया, फेज-II
नई दिल्ली-110020
फोन : 011-40712200
ई-मेल : wecare@diamondbooks.in
वेबसाइट : www.diamondbooks.in
संस्करण : 2026
मुद्रक : रेप्रो (इंडिया)

Puja : Kyon Aur Kaise
Achary Vimlesh Kr. Shastri

अभिमत

भारत देश विश्व के मानचित्र पर एक ऐसा विलक्षण तथा संस्कृति-सम्पन्न देश है जिसका श्रेष्ठता अतुल है, अप्रतिम है। यहाँ की सभ्यता, यहाँ के मूल्य, यहाँ की परम्पराएँ तथा यहाँ के रीति-रिवाज इसे विश्वजन के लिए प्रेरणा बताते हैं। यहाँ के संस्कार, यहाँ के पर्व-उत्सव, यहाँ की वेशभूषा, यहाँ के आभूषण तथा यहाँ के आचरण न केवल जीवन के सही अर्थ समझाते हैं अपितु उनके भीतर निहित वैज्ञानिकता तथा जीवनोपयोगिता से भी अभिज्ञ कराते हैं। विश्व की सभ्यता तथा संस्कृति के मर्मज्ञ एवं पारखी भारतीय संस्कृति के कायल हैं। यहाँ के कर्मकाण्ड भी यदि सही, सटीक तथा विधि-विधान से किए जाएं तो न केवल अत्यंत लाभकारी हैं अपितु हमारी अनेक पीढ़ियों के मार्गदर्शक भी हैं। आवश्यकता आज इस बात की है कि हम अपनी इस प्राकृतिक तथा ईश्वरीय धरोहर की रक्षा करना सीखें। इस विलक्षण-स्रोत-सामग्री से उपकृत होना सीखें। हम इस ईश्वरीय सम्पदा के प्रति या तो उदासीन हो गए हैं या हमने इसके महत्त्व को समझने का प्रयास नहीं किया है। विश्व को पूजा पाठ, आस्था-विश्वास, धर्म-दर्शन तथा योग-साधना की शिक्षा देने वाला भारत अपने ही देशवासियों के हाथों उपेक्षित होने लगा है। यही चिंतन पूजा क्यों और कैसे नाम से तैयार की गई इस पुस्तक के सृजन के मूल में दिखाई देती है। इस दृष्टि से मूल्य-विघटन के इस युग में यह पुस्तक समस्त देशवासियों के लिए ही नहीं, विश्व के कोने-कोने में बैठे भारतीय संस्कृति के प्रशंसकों के लिए एक वरदान कही जा सकती है।

पूजा क्यों और कैसे नामक पुस्तक के माध्यम से स्वशुद्धि एवं सामाजिक-सांस्कृतिक सम्पन्नता का मार्ग तो प्रशस्त करती ही है साथ ही जीवन में अनुशासन तथा नियमों की महत्ता को भी प्रतिपादित करती है। हमारे जीवन में तथा जीवन के किसी भी कार्य में कोई न कोई अनुशासन अवश्य होता है और होना भी चाहिए। जैसे ही हम अनुशासन तोड़ते हैं, नियम छोड़ते हैं तथा स्वेच्छाचारिता या उदासीनता अपनाते हैं तभी हमें व्यवस्थाजन्य दोषों या कष्टों का सामना करना पड़ता है। यह पुस्तक सीधे तथा प्रकारान्तर से यही शिक्षा देती है कि आधा-अधूरा ज्ञान या भ्रामक ज्ञान लाभकारी नहीं बन पाता।

अस्वस्थ शरीर को स्वस्थ करने के लिए जैसे समय के साथ नियम से दवा एवं परहेज करना होता है उसी तरह स्वस्थ मन, स्वस्थ वचन तथा स्वस्थ कर्म के लिए भी हमें शास्त्रीय विधान का अनुपालन करना होता है। ऐसा न करने पर हम अनजाने में दण्डित होते हैं। अतः यह पुस्तक 'गागर में सागर' को परिभाषित करते हुए निश्चय ही, सुबोध तथा सहज रूप से अपने विषय को सम्प्रेषित करने वाली अत्यंत उपयोगी पुस्तक है।

पंडित विमलेश कुमार विद्वान, अध्ययन-मननशील तथा साधक व्यक्ति हैं। सात्विक जीवन, उच्च विचार तथा पुण्य कर्म यह इनके जीवन का मूल मंत्र हैं। 'परहित सरिस धर्म नहीं भाई' का बीज कार्य इनके समस्त कार्यों में देखा जा सकता है। उल्लेखनीय यह भी है कि इन्होंने पहले कर्मकाण्ड को, पूजा-विधान को विधि-विधान से पढ़ा-समझा तथा जीया है। शोधात्मक दृष्टि से संस्कृत, संस्कृति तथा संस्कारों का गहन, गंभीर एवं प्रामाणिक अध्ययन किया है। प्रतिष्ठित तथा प्रख्यात गुरुजनों के शिष्यत्व से आप सदा उपकृत रहे हैं। ईश्वरीय कृपा तथा वरदान आपको प्राप्त है, तभी ऐसी गंभीर तथा अद्‌भुत पुस्तक का सृजन संभव हो सका है। ऐसे में मैं पंडित श्री विमलेश जी को हृदय से साधुवाद देता हूँ। समाज का सुधार कई प्रकार से होता है। यह पुस्तक भी समाज सुधार का एक रास्ता खोलती है कि भ्रमित के भ्रमों को दूर कर उसे सत्मार्ग दिखाना, उसे पुण्य-पथ पर अग्रसर होने की प्रेरणा देना निश्चित ही महान कार्य है। पंडित विमलेश जी ने साधिकार इस पुण्य कर्म का निर्वाह किया है।

पंडित विमलेश जी के पास ईश्वरीय प्रतिभा है। मधुर कंठ एवं प्रभावी बाजी भी है। माँ सरस्वती की उन पर विशिष्ट कृपा है। गुरुवर प्रो. रवीन्द्र नागर जी का स्नेहदिल आशीर्वाद भी प्राप्त है। ऐसे में पंडित विमलेश जी का इस दिशा में निरंतर आगे बढ़ना, उच्च शिखर तथा उत्कर्ष को प्राप्त करना सहज, स्वाभाविक है। मैं अनन्त, असीम शुभकामनाएँ उन्हें देता हूँ कि वे इस रचनात्मक-सृजनात्मक प्रतिभा को और चमकाएँ और निखारें तथा अपना निर्माणात्मक एवं विकासात्मक योगफल समाज को, राष्ट्र को तथा समस्त मूल को प्रदान करते रहें।

'पूजा क्यों और कैसे' शीर्षक से निर्मित यह पुस्तक पूजा-पाठ तथा भक्ति साधना के प्रति समर्पित जन-समुदाय को संकल्प-शक्ति देगी तथा वैचारिक शुद्धि प्रदान करेगी, ऐसा मेरा अखण्ड विश्वास है। पूजा-साधना के विधान, कर्मकाण्ड आदि के प्रयोजन, उनकी प्रामाणिक एवं शास्त्रीय पद्धति, इन सब की वैज्ञानिक-व्याख्या, सनातन धर्म से अभिप्राय, भक्ति की प्रतिनिधि, अनेक

सांस्कृतिक कार्यों, विधानों तथा संकल्पों के प्रभाव आदि का विवेचन, विभिन्न स्तोत्रों की प्रस्तुति तथा उनके महत्त्व का प्रतिपादन तथा अनेक रक्षा-कवच आदि का बोध कराने जैसे अनेक आयाम हैं जो इस पुस्तक की शक्ति बने हैं। विभिन्न स्तुतियों को भी लेखक ने इसी पुस्तक में प्रस्तुत कर एक नितान्त उपयोगी तथा आशीर्वादात्मक उपलब्धि श्रद्धालु पाठक समुदाय को कराई है।

पंडित विमेलश जी का भाषाजाल, बोधगम्य तथा प्रस्तुति हृदयस्पर्शी है। शुद्ध पाठ सोने में सुहागा बन गया है। निश्चित ही यह पुस्तक विद्वत् जगत् में प्रशंसनीय तथा स्तुत्य मानी जाएगी। मैं पुनः पंडित विमलेश जी को शत् शत् साधुवाद तथा अनन्त-असीम शुभकामनाएँ देता हूँ कि भविष्य में भी वे अपनी इसी शोधात्मक तथा रचनात्मक प्रतिभा एवं दृष्टि से समस्त जगत् को उपकृत करते हैं।

निदेशक
भारतीय अनुवाद परिषद्
श्रीकृष्ण जन्माष्टमी
शनिवार, 27 अगस्त, 2005

डॉ. पूरनचंद टंडन
वरिष्ठ रीडर
हिंदी विभाग
दिल्ली विश्वविद्यालय, दिल्ली

आभार

हो हर संवत् आपका मंगलमय सुपुनीत।
जीवन से संशय हटे बढ़े परस्पर प्रीत।।

प्रस्तुत पुस्तक का उद्देश्य है कि सामान्य से सामान्य व्यक्ति भी कर्मकांड की उपयोगिता जान सके और इसके विधि-विधान द्वारा पूजा-पाठ कर सके। निश्चय ही इस दुसाध्य कार्य को आसान बनाने में मेरे माता-पिता श्रीमती इंद्रपारो देवी एवं श्री डॉ. रामाशंकर, बड़े भ्राता श्री मिथिलेश कुमार शर्मा तथा चाचा नायब सूबेदार श्री जनार्दन शर्मा एवं पूज्य गुरुदेव प्रो. रवीन्द्र नागर का आशीर्वाद सहायक सिद्ध हुआ है। इसके अलावा डॉ. रामराज उपाध्याय एवं डॉ. पूरन चंद टंडन तथा श्रीमती कुसुम खन्ना जी का पूर्णरूप से सहयोग प्राप्त हुआ है। साथ में डॉ. रीटा सरपाल एवं राजीव सरपाल और हमारे बड़े भाई तुल्य श्री राज किशोर शर्मा ने हमारे पूजा-पाठ के कार्य में विशेष सहयोग प्रदान करते रहते हैं।

इस पुस्तक को प्रकाशित करने में विशेष मार्गदर्शन श्रीमती कृष्णा छावड़ा एवं श्री राधाकृष्ण छावड़ा जी और इनके ज्येष्ठ पुत्र श्री राजिन्दर छाबड़ा जी ने विशेष कृपा प्रदान की और हमारे पौरोहित्य कार्य में विशेष मदद भी की। मैं इनके समस्त परिवारजनों को शुभ आशीर्वचन प्रदान करता हूँ।

अंत में, मैं सदैव नतमस्तक हूँ मातातुल्या श्रीमती सुमित्रा पाठक के प्रति, जो मेरे अध्ययन में सदा सहयोग व आशीर्वाद देती रही हैं।

-आचार्य विमलेश कुमार शास्त्री

अनुक्रमणिका

द्वितीय भाग

स्वस्तिवाचन और शान्ति पाठ

जब भी हम कोई कार्य आरंभ करते हैं तो शुभकामना और ईश्वर से प्रार्थना करते हैं कि वह कार्य निर्विघ्नतापूर्वक पूर्ण हो सके, अतः स्वस्तिवाचन यानी मंगलकामना करते हैं–

ॐ आनोभद्द्राः क्रतवो यन्तु विश्श्वतोदब्धासो ऽ अपरीतासऽउद्भिद्ः।
देवानोयथासदम्मृद्वृधेऽअसन्नप्रायुवोरक्षितारो दिवेदिवे॥1॥

देवानाम्भद्द्रासुमतिर्ऋजूयतान्देवाना ँ रातिरभिनोनिवर्त्तताम्।
देवाना ँ सक्ख्यमुपसेदिमाव्वयन्देवानऽआयुः प्रतिरन्तुजीवसे॥2॥

तान्पूर्व्वयानिविदाहूमहेव्वयम्भगम्मित्रमदितिन्दक्षमश्रिधम्मू।
अर्य्यमणंवरुण ँ सोममश्शिवना सरस्वतीनः सुभगामयस्करत॥3॥

तन्नोव्वातो मयोभुव्वातुभेषजन्तन्मातापृथिवीतत्त्पिताद्यौः।
तद्ग्रावाणः सोमसुतोमयोभुवस्तदश्शिवना श्शृणुतन्धिष्ण्या युवम्॥4॥

तमीशानञ्जगतस्तस्त्थुषस्प्पतिन्धियञ्जिन्नमवसेहूमहेव्वयम्।
पूषानो यथाव्वेद सामसद्व्वृधेरक्षितापायुरदब्धः स्वस्तये॥5॥

स्वस्ति न इन्द्रोव्वृद्धश्श्रवाः स्वस्ति नः पूषाव्विश्ववेदाः।
स्वस्तिनस्ताक्ष्योंऽअरिष्ट्नेमिः स्वस्ति नो बृहस्प्पतिर्दधातु॥1॥

पृषदश्श्वामरुतः पृश्निमातरः शुभंयावानोव्विदथेषुजग्गमयः।
अग्निर्जिह्वामनवः सूरचक्षसोव्विश्श्वेनोदेवाऽअवसागमन्निह॥2॥

भद्द्रङ्कर्णेभिः श्शृणुयामदेवाभद्द्रं पश्येमाक्षभिर्य्यजत्राः।
स्थिरैरङ्गैस्तुष्टुवा ँ सस्तनूभिर्व्वयशेमहिदेवहितंर्य्यदायुः॥3॥

शतमिन्नुशरदोऽअन्तिदेवायत्रानश्च्चक्क्राजरसन्तनूनाम्।
पुत्रासोयत्रपितरोभवन्तिमानोमद्ध्ययारीरिषतायुर्ग्गन्तोः।।4।।

अदितिरद्यौरदितिरन्तरिक्षमदितिर्म्मातासपितासपुत्रः।
विश्वेदेवाऽअदितिः पञ्चजनाऽअदितिर्ज्जातमदितिर्ज्जनित्वम्।।5।।

द्यौः शान्तिरन्तरिक्ष ँ शन्तिः पृथिवीशान्तिरापः
शान्तिरोषधयः शान्तिः व्वनस्प्पतयः शन्तिर्व्विश्श्वेदेवाः
शान्तिर्ब्ब्रह्मशन्तिः सर्व्व ँ शान्तिः शन्तिरेवशान्तिः
सा मा शान्तिरेधिः।।6।।

यतोयतः समीहसे ततो नोऽअभयंकुरु।
शन्नः कुरुप्प्रजाब्भ्योऽभयन्नः पशुभ्यः।।7।।

सुशान्तिर्भवतु
।। ॐ शान्तिः शान्तिः शान्तिः।।

❑❑❑

हरि ॐ क्यों?

वेद पाठ के आरम्भ में मन्त्रोच्चारण से पूर्व **'हरि ॐ'** उच्चारण करना वैदिकों की परम्परागत प्रणाली है इसका तात्पर्य यह है कि वेद के अशुद्ध उच्चारण में महापातक लगता है और बहुत सावधान रहने पर भी मनुष्य सुलभ स्वर वर्ण बुढ़ापे की अवस्था जन्य अशुद्धी हो जाने की पूरी सम्भावना रहती है, अतः इस संभावित दोष से निवृत्ति के लिए आदि और अन्त में **'हरि ॐ'** शब्द का उच्चारण करना अनिवार्य है। श्रीमद्भागवत में लिखा है कि-

मन्त्रतस्तन्त्रतश्छिद्रं देशकालार्हवस्तुतम्।
सर्व करोति निश्छिद्रं नामसंकीर्तनं हरेः॥

अर्थात् मन्त्रोच्चारण, तत्तद् विधि-विधान, देशकाल और वस्तु की कमी के कारण धर्मानुष्ठान में जो भी कमी हो, **'हरि'** नाम का संकीर्तन करने से वे सब बाधाएँ दूर हो जाती हैं।

❑❑❑

श्रीगणेश प्रथम पूज्य क्यों?

(आदौ गणपतिं वन्दे विघ्ननाशं विनायकम्)

श्रीगणेश जी महाराज की प्रत्येक शुभाशुभ कार्य के आरम्भ में आस्तिक हिन्दू समाज पूजन वन्दन एवं ध्यान करना अपना परम कर्तव्य समझता है। योगी याज्ञवल्क्य ने अपनी स्मृति में लिखा है–

एवं विनायकं पूज्य ग्रहाश्चैव विधानतः।
कर्मणां फलमाप्नोति श्रियमाप्नोत्यनुत्तमाम्॥

(याज्ञवल्क्य स्मृति आचाराध्याय 212)

अर्थात् पूर्वेक्त विधि के अनुसार गणपति की पूजा करके विधि पूर्वक नवग्रह पूजन करना चाहिए, जिसमें समस्त कार्यों का फल प्राप्त होता है तथा लक्ष्मी की भी प्राप्ति होती है।

कोई ऐसा कार्य नहीं जो गणपति पूजन के बिना आरम्भ किया जाता हो। इस अटल नियम पालन की प्रणाली के प्रताप से संस्कृत साहित्य में तो 'श्री गणेश' शब्द की शक्ति ही आरम्भार्थ में आरूढ़ हो गई है। हिन्दू भाषा में भी न केवल गणेश पूजन में निष्ठा रखने वाले आस्तिक सज्जन ही– अपितु 'तुन्दिल पेट' और 'हाथी का नाक' कहकर कहकहे लगाने वाले अपटूडेट महाशय भी 'श्री गणेश' पद को प्रारम्भकर्ता सूचक– 'मुहावरा' स्वीकार करते हैं और बड़े धड़ल्ले के साथ किसी भी आन्दोलन का प्रशंसात्मक बखान करते हुए यही उचरते हैं कि जबसे इस आन्दोलन का 'श्री गणेश' हुआ है, तब से मृतप्राय हिन्दू जाति में पुनः जीवन आ गया है' इत्यादि। कहना न होगा कि 'श्रीगणेश' शब्द का आरम्भिक क्रिया के साथ कुछ न कुछ अनिवार्य एवं घनिष्ठ सम्बन्ध अवश्य है, जिससे कि– "**अस्मात्पदादयमर्थो बोधव्य इत्याकारक ईश्वरसंकेतः शक्तिः**" के अनुसार यह शब्द प्राकृतिक रीति से 'प्रारम्भ' अर्थ में आरूढ़ हो गया है।

गणेश शब्द के 'विघ्नहन्' 'विनायक' 'गजास्य' 'ईप्सितदाता' और 'विघ्न-शमन' आदि अनेक पर्याय प्रसिद्ध हैं। संस्कृत भारती विश्वभर की प्रचलित भाषाओं की जननी है तथा समस्त भाषाओं में संस्कृत भाषा के शब्द ही अपभ्रष्ट होकर समाविष्ट हुए हैं–

यह नग्न सत्य प्रायः अनुसन्धानकर्ता स्वीकार करते हैं। तदनुसार अन्यान्य भाषाओं में भी आरम्भिक जितने प्रसिद्ध शब्द हैं वे सब प्रायः 'गणेश' शब्द के पर्यायों में से ही किसी एक के अपभ्रंश जान पड़ते हैं। जैसे-अंग्रेजी भाषा का प्रारम्भिक 'बिगनिंग' शब्द गणेश शब्द के अन्यतम पर्याय 'विघ्नहन्' का अपभ्रंश प्रतीत होता है। इबरानी, पार्सियन और उर्दू भाषा के 'आगाज' 'इप्तदा' 'बिशमिल्ला' आदि शब्द भी हमारे 'गजास्य' 'ईप्सितदाता' 'विघ्न-शमन' शब्दों के ही अपभ्रंश हैं। इस तरह विश्व-शास्त्र की परम्परा के विचार से गणेश तत्त्व का आरम्भिक क्रिया के साथ अनादिकाल से अविछिन्न सम्बन्ध चला आता है।

गणेश पूजन यत्र तत्र सर्वत्र

गणेश पूजन की प्रथा केवल भारत में ही नहीं अपितु विश्व के सभी देशों में पाई जाती है। बौद्ध-धर्म में महायान के तांत्रिक सम्प्रदायों ने भी अपने यहाँ 'विनायक' की कल्पना करके उसे महत्त्वपूर्ण स्थान दे रखा है। पिछली शताब्दियों में कई बौद्ध प्रदेशों के अन्दर विनायक रूप में बुद्ध की कल्पना प्राप्त होती है। उनके यहाँ 'वज्रधातु' और गर्भधातु के रूप में भी विनायक पूजन का प्रचुर प्रचार है।

नेपाल : यहाँ बौद्ध-धर्म के साथ-साथ 'हेरम्ब' और 'विनायक' नाम से गणपति पूजा सर्वत्र पाई जाती है।

चीन : यहाँ गणेशमूर्ति दो नामों से विख्यात है, एक 'विनायक' और दूसरा 'कांगीनेन'। उस देश में अन्य देवों की अपेक्षा विनायक पूजन का विशेष महत्त्व माना जाता है। 'नृत्यगणपति' की पूजा भी इस देश में विशेष रूप से पाई जाती है।

जापान : इतिहास में ज्ञात होता है कि 'कोबी दाइशी' नामक सुप्रसिद्ध विद्वान ने चीन के बौद्धाचार्यों से शिक्षा लेकर 9वीं शताब्दी में अपने यहाँ विनायक पूजन प्रचलित किया था। अब तो वहाँ के 'शिङ्गोन' सम्प्रदाय ने भी इस पूजा पद्धति को अपना लिया है।

तिब्बत : यहाँ प्रत्येक मठ के अधिरक्षक के रूप में गणेश की पूजा की जाती है।

बर्मा, श्याम : प्रदेशों में भी गणपति पूजा प्रचलित है। उस देश में कांस्यधातु की गणेशमूर्ति सर्वप्रिय समझी जाती है।

कम्बोडिया : में स्थानीय ख्मेरकला के कारण वहाँ के गणपति मूर्तियों में विशेष परिवर्तन पाया जाता है।

जावा : यहाँ प्रायः गणेश के स्वतंत्र मंदिर नहीं होते, प्रत्युत शिव मंदिर में ही उनकी पूजा होती है। शंकर के सदृश वहाँ के गणेश भी गले में मुण्डमाल पहने हुए पाए जाते हैं।

बोनियो : तथा बालद्वीप में भी गणपति पूजन का विशेष प्रचार है।

अमरीका : यहाँ भी लम्बोदर गणेश की मूर्ति मिलती है। इस प्रकार की मूर्ति का उल्लेख भी चमनलाल ने 'हिन्दू अमरीका' नामक अपनी पुस्तक में विस्तृत रूप से किया है। सन् 1492 में 'कोलम्बस्' द्वारा अमरीका के आविष्कार होने के पूर्व भी वहाँ गणेश, सूर्य आदि देवताओं की मूर्तियाँ उपलब्ध हो चुकी थीं। इससे यह निश्चित है कि भारतीयों ने ईसवी सन् से बहुत वर्ष पूर्व अमरीका में अपना उपनिवेश स्थापित कर रखा था।

भिन्न-भिन्न देशों में गणपति पूजन भिन्न-भिन्न नामों से पाया जाता है। श्रीमती 'ए गेट्टी' (A. Gethhy) ने गणेश पूजन पर एक विस्तृत पुस्तक लिखी है जो सन् 1936 में 'आक्सफोर्ड यूनिवर्सिटी' से प्रकाशित हो चुकी है। उस ग्रन्थ में विदुषी गेट्टी ने तमिल भाषा में गणेश का नाम 'पिल्लैय' भोट भाषा में 'सोग्सदाग' बर्मी में 'महापियेत्रे' मंगोलियन में 'त्वात् खारून् खागान्' कम्बोडिया में 'प्राहकनीज्' चीनी में 'कुआद्-शीतियेनू' और जापानी भाषा में 'कांगिनेन्' इन नामों का उल्लेख किया है। निःसंदेह उत्तरीय मंगोलिया से लेकर दक्षिण बाली तक और जापान से लेकर अमरीका तक गणेश-पूजन-पद्धति किसी न किसी रूप में प्रचलित है।

❒❒❒

यज्ञादि में पत्नी के बैठने का विचार

वैदिक अनुष्ठानों में पति और पत्नी का आसन बाएं या दाएं यानी किधर होना चाहिए? इस संबंध में वेदादि शास्त्रों में निम्नलिखित प्रमाण उपलब्ध हैं; यथा-

शास्त्रीय प्रमाण-

(क) अग्निमुपसमाधाय दक्षिणतः पतिं भार्य्यो प्रविशति।

(हिरण्यकेशी गृह्यसूत्र 5/4/4)

(ख) पाणिग्रहस्य दक्षिणत उपवेशयेत्।

(खादिर गृह्यसूत्र 1/3/78)

(ग) दक्षिणत एककायां भार्यामुपवेश्यात्तरतः पतिः।

(जैमिनि गृह्यसूत्र 1/20)

(घ) आशीर्वादेऽभिषेके च पादप्रक्षालने तथा।
शयने भोजने चैव पत्नी तूत्तरतो भवेत्॥

(धर्मप्रवृत्तौ म. म. स्मारके पृ. 156)

(ङ) वामे सिन्दूरदाने च वामे चैव द्विरागमे।
वामेऽशनैकशय्यायां भवेज्जाया प्रियार्थिनी॥

(संस्कार गणपतौ म.म. स्मारके 156)

(च) कन्यादाने विवाहे च प्रतिष्ठा यज्ञकर्मणि।
सर्वेषु धर्मकार्येषु पत्नी दक्षिणतः स्मृता॥
दक्षिणे वसति पत्नी हवने देवतार्चने।
शुश्रुषारतिकाले च वामभागे प्रशस्यते॥
जातकर्मादिकार्य्याणां कर्मकर्तुश्च दक्षिणे।
तिष्ठेद् वरस्य वामे च विप्राशीर्वचने तथा॥
श्राद्धे पत्नी च वामाङ्गे पादप्रक्षालने तथा।
नान्दी श्राद्धे च सोमे च मधुपर्के च दक्षिणे॥

(व्याघ्रपात् स्मृतौ म.स. स्मारके तंत्रो.)

(छ) जातके नामके चैव ह्यन्नप्राशनकर्माणि।
तथा निष्क्रमणे चैव पत्नी पुत्राश्च दक्षिणे॥

अर्थात् -

क. अग्नि स्थापन करके पति के दाएं भाग में भार्या को बिठाए।

ख. पति के दाएं ओर पत्नी बैठे।

ग. वर के दाएं भाग में घास आदि से निर्मित आसन पर पत्नी बाईं ओर बैठे।

घ. आशीर्वाद ग्रहण करते समय, अभिषेक के समय, ब्राह्मणों के पांव धोते समय, शयन और भोजन के समय पत्नी वामभाग में रहे।

ङ. सिन्दूरदान में और द्विरागमन के समय तथा भोजन शयन में प्रियता की इच्छुक पत्नी वाम भाग में रहे।

च. कन्यादान, विवाह, प्रतिष्ठा, यज्ञकर्म तथा अन्याय धर्म-कृत्यों में भी पत्नी सदैव दक्षिण में रहे, हवन देवपूजा में दाएं भाग में रहे। पितृश्राद्ध में ब्राह्मणों के चरण प्रक्षालन में बाएं भाग में रहे। परन्तु आभ्युदायिक नान्दी श्राद्ध में और मधुपर्क प्राशन के समय दक्षिणाङ्ग में रहे।

छ. जात-कर्म, नामकरण, अन्नप्राशन और निष्क्रमण संस्कार के समय पत्नी और बालक दोनों दाईं ओर रहें।

बाएं और दाएं क्यों?

प्रश्न हो सकता है कि धर्मानुष्ठानों में पति-पत्नी का सम्मिलित होकर बैठ जाना तो समझ आ सकता है परन्तु अमुक कार्य में बाईं ओर अमुक कार्य में दाईं ओर यह कवायद परेड क्यों? क्या यथास्थान बैठे रहने पर कुछ हानि होती है?

प्रश्न उचित है परन्तु प्रश्नकर्ता को यह समझना चाहिए कि यद्यपि धर्मानुष्ठान की सब क्रियाएं अदृष्ट-फलदायक होती हैं। अर्थात्-उनके वैसा होने का फल चर्म-चक्षु गम्य नहीं होता किन्तु विधि के यथावत् निर्वाह से जो 'अदृष्ट' उत्पन्न होता है उसे ही पुण्य कहते हैं और विधि-विरुद्ध आचरण-जन्य 'अदृष्ट' को ही पाप कहा जाता है। तथापि शास्त्र का कोई विधि-विधान निर्हैतुक नहीं होता, उसके तथात्व में अनेक धार्मिक और लौकिक कारण भी निहित होते हैं, सो उपर्युक्त सब प्रमाणों को जरा अन्तर्मुख होकर प्रच्छक एक बार पुनरपि मनन कर देखें तो विदित होगा कि जिन कार्यों में पत्नी का वामाङ्ग मैं बैठना बताया गया है, ये सब अनुष्ठान प्रायः इहलौकिक फलदायक कृत्य है, जैसे पत्नी की मांग में पति द्वारा सिंदूर भरना कोई पारलौकिक पुण्यार्जन करने का साधन नहीं है किन्तु सौभाग्य के अभिवर्द्धन मात्र का द्योतक है-सौन्दर्योपासना

मात्र का परिचायक है। आशीर्वाद ग्रहण, अभिषेक, पाद-प्रक्षालन, भोजन, शयन, रतिक्रीड़ा-ये सभी कार्य इसी कोटि के हैं, इन सब में दम्पत्ति कुछ लेते ही हैं, परित्याग नहीं करते। इसलिए ऐसे सब कार्यों को अपेक्षाकृत निम्न कोटि का समझकर पत्नी के लिए वाम भागाश्रित होने का आदेश दिया गया है, परन्तु जो अनुष्ठान पत्नी की प्रधानता में होने वाले और उत्सर्ग प्रधान कृत्य हैं जैसे-कन्यादान, विवाह, देव-प्रतिष्ठा, यज्ञानुष्ठान और जातकर्म आदि संस्कार उन सब में पत्नी का पति के दक्षिण भाग में बैठना अभिमत है। पत्नी शब्द यज्ञ-संयोग में ही चरितार्थ होता है। **'पत्युर्नो यज्ञसंयोगः'** यह पाणिनीय सूत्र इसमें प्रमाण है। सो जिन कार्यों में पुरुष का प्राधान्य है उन-उन कार्यों में पुरुष दक्षिण में और पत्नी वाम भाग में रहेगी, परन्तु जिन अनुष्ठानों में पत्नी का प्राधान्य है उन-उन कार्यों में पत्नी दक्षिण भाग में अवस्थित रहेगी। शायद यह बताने की आवश्यकता न होगी कि-अपत्नीक पुरुष यज्ञानर्ह होता है।

❑❑❑

पञ्चगव्य निर्माण विधि

(क) गोमूत्रभागस्तस्यार्ध शकृत्क्षीरस्य तत् त्रयम्।
द्वयंदध्नो घृतस्यैक एकश्च कुशवारिणः॥

(ख) गायत्र्याऽऽदाय गोमूत्रं, गन्धद्वारेति गोमयम्।
आप्यायस्वेति च क्षीरं दधिक्राव्णेति वै दधि॥
शुक्रमसि ज्योतिरसीत्याज्यं देवस्यत्वेति कुशोदकम्।

(बौद्धायन स्मृति चतुर्थ प्रश्न पञ्चम अध्याय)

अर्थात् - (क) पञ्चगव्य में एक भाग घृत और एक भाग गोमूत्र तथा एक भाग दही, तीन भाग दूध (सात भाग का भी उल्लेख लोगाक्षिस्मृति में है) और आधा भाग गोमय होना चाहिए।

(ख) गायत्री मन्त्र द्वारा गोमूत्र को **'गन्धद्वारां दुराधर्षाम्'** आदि मन्त्र द्वारा गोमय को **'आप्यायस्व'** इत्यादि मन्त्र द्वारा गोदुग्ध को **'दधिक्राव्णो अकारिषम्'** इत्यादि मन्त्र द्वारा गो दही को, **'शुक्रमसि'** और **'ज्योतिरसि'** इत्यादि दोनों मन्त्रों द्वारा गोघृत को, तथा **'देवस्य त्वा'** इत्यादि मन्त्र द्वारा कुशोदक को अभिमन्त्रित करके सम्मिलित करना चाहिए।

पूर्वोक्त -**'यद्यद् अस्थिगतं पापम्'** आदि मन्त्र बोलकर वाम हस्त पर टिके हुए दक्षिण हस्त से चरणामृत की भांति ग्रहण करके तीन बार पान करना चाहिए।

सोते समय दक्षिण दिशा को पांव क्यों नहीं?

'दक्षिण दिशा की ओर पांव करके नहीं सोना चाहिए। शास्त्र की इस विज्ञानपूर्ण आज्ञा को हिन्दू घरों की ठेठ देहातों में रहने वाली अपठित देवियां भी खूब जानती हैं और वे चाहे इसका कुछ हेतु न जानती हों तब भी धर्म के नाम पर तत्परता पूर्वक उसका पालन करती है परन्तु इसका हेतु क्या है, यहां उसी का संक्षेप में दिग्दर्शन कराते हैं।

कुछ समय पूर्व आधुनिक वैज्ञानिक सूर्य को स्थिर और पृथ्वी को उसके चारों ओर घूमने वाला पिण्ड मानते थे, परन्तु अब अभिनव खोज में यह सिद्ध हो गया कि सूर्य न केवल अपनी केन्द्र कील पर ही घूम रहा है, किन्तु वह समस्त और जगत् को अपने साथ लिए किसी अनिश्चित दिशा की ओर भी

प्रगतिशील है। इसलिए हमारा यह ब्रह्माण्ड प्रतिक्षण नए से नए आकाश में पहुँचता रहता है। कहना न होगा कि साध्य कोटि के सब अनुभव अधूरे हैं। अभी वास्तविक सिद्धांत तक पहुँचने में उन्हें कुछ काल और लगेगा।

परन्तु क्रांतिदर्शी ऋषियों ने वेद की दूरबीन से उक्त सब विषयों को **'इदमित्थ'** देखकर बतलाया है कि जैसे समस्त सौर-जगत् सूर्य के आकर्षण पर सुस्थिर है, ठीक इसी प्रकार सूर्य भी 'ध्रुव' नामक महापिण्ड के आकर्षण पर आधारित है।

वर्तमान वैज्ञानिक आज सूर्य की जिस कक्षा को 'अनिश्चित दिशा' मान रहे हैं हमारे यहाँ वह अनन्त सहस्राब्दियों पूर्व सुनिश्चित हो चुकी है। ऐसी स्थिति में सर्वत्र सिद्धांत है कि सौर जगत् ध्रुव के आकर्षण पर आलम्बित है, सो वह 'ध्रुव' उत्तर दिशा में स्थित है।

यदि कोई व्यक्ति दक्षिण दिशा की ओर पांव और ध्रुव की ओर मस्तक करके सोएगा तथा ध्रुवाकर्षण तारतम्य से पेट में पड़ा भोजन, पचने पर जिसका अनुपयोग अंश मल के रूप में नीचे की ओर जाना आवश्यक है-वह ऊपर की ओर गतिशील हो जाएगा। इससे हृदय, फुफ्फस और मस्तिष्क पर बुरा प्रभाव पड़ेगा। इसलिए दक्षिण दिशा की ओर पांव करके सोएँगे तो जहाँ भोजन परिपाक ठीक होगा, वहाँ ध्रुव के आकर्षण से दक्षिण से उत्तर दिशा की ओर प्रगतिशील विद्युत-प्रवाह हमारे मस्तक से प्रविष्ट होकर पाँवों के रास्ते से निकलेगा। इस तरह प्रातः जगने पर मस्तिष्क विशुद्ध वैद्युत परमाणुओं से परिपूर्ण एवं सर्वथा स्वस्थ हो जाएगा।

ध्रुव के आकर्षण को प्रत्यक्ष अनुभव करने के लिए किसी भी जलपोत-स्टीमर में लगी कम्पास की चुम्बक की सूई को देखा जा सकता है-जो सदैव ध्रुव की ओर ही रहती है और अनन्त जल राशि में चलते हुए जहाजों को ठीक-ठीक दिशा बतलाती है। कुछ घड़ियों की चैन में भी छोटा सा ध्रुव यन्त्र रहता है, उसे बाएं-दाएं यथेच्छ घुमाने पर भी सुई की नोक सदैव ध्रुव की ओर रहती है। इसलिए दक्षिण की ओर पांव करके नहीं सोना चाहिए।

इस प्रकार प्रातः से लेकर शयन पर्यन्त-समस्त अहोरात्रचर्या का सांगोपांग वर्णन करते हुए, हम इस अध्याय को यहीं समाप्त करते हैं।

मानव-दानव-तिर्यञ्चों में, सम है भूख नींद भय काम।
विधि विधान के बल से विष भी, बन जाता है जीवनधाम।।
अहोरात्र में किस विधि से? क्यों करें? शास्त्र सम्मत सत्कर्म।
हेतु-वाद से सिद्ध किया, अध्याय दूसरे में यह धर्म।।

माला आवश्यक क्यों?

शास्त्र में लिखा है कि-

विना दर्भैश्च यत्कृत्यं यच्च दानं विनोदकम्।
असङ्ख्यया तु यज्जप्तं तत्सर्वं निष्फलं भवेत्॥

(अंगिरा स्मृति)

अर्थात् - बिना कुशा के जो तत्तद् धर्मानुष्ठान और बिना जल संस्पर्श के जो दान तथा बिना माला से संख्याहीन जो जप, वे सब निष्फल होते हैं। नामधारी सिक्ख ऊन की ग्रन्थिल माला, निहंग सिक्ख लोहे की माला तथा मुसलमान ईसाई भी 'तसबी' रखते हैं। यह क्यों? इसलिए कि

(1) प्रथम तो माला के फेरने से कितना जप हुआ इस बात का ठीक पता चल जाता है और अपने-अपने निश्चित नियम के अनुसार पुरुष अपने समय का नियंत्रण कर सकता है।

(2) दूसरे-माला भी प्राय: 'शुचि' संज्ञक वस्तुओं से ही बनाई जाती है। अत: कुशा की भांति इससे भी वह सब लाभ होंगे।

(3) तीसरे-अंगुष्ठ और अंगुली के संघर्ष से एक विलक्षण विद्युत् उत्पन्न होगी, जो धमनी के तार द्वारा सीधे हृदय-चक्र को प्रभावित करेगी, इधर-उधर डोलता हुआ मन इससे निश्चल हो जाएगा।

❑❑❑

तुलसी रुद्राक्ष आदि क्यों?

श्रीवैष्णव तुलसी, शंख और कमलाक्ष की माला, शैव रुद्राक्ष और भद्राक्ष की माला, गाणपत्य हरिद्रा की, अमुक मंत्र के जाप में जीयापोता या विद्रुम = मूँगे की और मारण आदि आभिचारिक कृत्यों में सर्पास्थि तक की मालाओं का विधान शास्त्र में विद्यमान है।

शास्त्रीय-स्वरूप –

> **पदमाक्षैर्विहिता माला शत्रूणां नाशिनी मता।**
> **पुत्रजीवफलैः क्लृप्ता कुरुते पुत्रसम्पदम्।**
> **प्रवालैर्विहिता माला प्रयच्छेत्पुष्कलं धनम्॥२॥**

(तन्त्रसार)

अर्थात् – कमलाक्ष की माला शत्रु नाश करती है, कुश ग्रंथि से बनी पाप दूर करती है। जीयापोते के फल की पुत्र और सन्तान देती है। प्रवाल **'मूँगें'** की माला धन देती है।

पूर्व कथनानुसार अंगुष्ठ मध्यांगुली के संघर्ष से जो विद्युत उत्पन्न होगी, वह सात्विक, राजस, तामस किस प्रकार की अपेक्षित है, इसी विचार के तारतम्य से विभिन्न मालाओं की व्यवस्था है। यदि केवल भगवत् तुष्टि के लिए किंवा मुक्ति के लिए जाप हो रहा है तो इसके लिए सात्विक विद्युत उत्पादक तुलसी आदि की सात्विक द्रव्य निर्मित माला चाहिए। कदाचित् **'त्र्यम्बकं यजामहे'** आदि आयुष्यवर्द्धक रजोगुणात्मक मन्त्र जपने की आवश्यकता है तो रुद्राक्ष उपयुक्त होगा। पुत्र प्राप्ति के लिए सन्तान-गोपाल आदि मन्त्रों में जाप में 'जीयापोता' (जीव पुत्र) की माला। इसी प्रकार विघ्ननिवृत्यर्थ हरिद्रा की और मारण मंत्रों में तामसी हड्डी आदि क्रूर पदार्थ से बनी ठीक रहेगी।

यह अनेकविध व्यवस्था इसलिए भी है कि साधक, अंतरिक्ष में व्याप्त विद्युत् की अमुक-अमुक शक्ति में से यथेष्ट किसी को भी उद्वेलित कर उनसे मनचाही सिद्धि प्राप्त कर सकता है।

आज के वैज्ञानिकों ने केवल भौतिक विद्युत के ही अढ़ाई गुण अभी तक

समझे हैं अर्थात्-बिजली से प्रकाश होता है, यन्त्र चलता है तथा किसी वस्तु को फैलाया जा सकता है आदि, परन्तु हमारे महर्षियों ने विद्युत शक्ति के विभिन्न 49 स्वरूपों का पता लगाया था, जिन्हें हिन्दू शास्त्रों में 49 मरुत् के नाम से स्मरण किया गया है। यह प्रसंग विस्तारपूर्वक 'पुराण दिग्दर्शन' में प्रकट किया है।

कहना न होगा कि हमारे मन्त्र संख्या जानने मात्र के लिए ही माला की व्यवस्था नहीं है। कदाचित् ऐसा होता है कि तत्तत् कार्यों में विभिन्न मालाओं का विधान न होता, मालाओं का अनेकविध्य ही इस बात का प्रबल प्रमाण है कि यह व्यवस्था सुतरां दार्शनिक एवं मनोवैज्ञानिक सिद्धांत पर आधारित है।

❑❑❑

माला कण्ठी गले में क्यों?

प्रसंग-वश यहाँ यह भी प्रकट कर देना अनावश्यक न होगा कि गले में माला कण्ठी बाँधने की भी शास्त्र में व्यवस्था मिलती है, यह क्यों? इसलिए कि-

(1) अधिक जाप करने वाले व्यक्ति को-खासकर जो उपांशु-चुपचाप ओष्ठ और जिह्वा को हिलाए बिना-जिसका कि शास्त्र में अधिक माहात्म्य वर्णित है-जाप करता हो उसकी कण्ठ धमनियों को अधिक परिश्रम करना पड़ता है, इसलिए भय है कि कहीं वह साधक गलगण्ड, कण्ठमाला आदि रोगों से पीड़ित न हो जाए, इस खतरे से बचने के लिए तुलसी, रुद्राक्ष आदि दिव्य वृक्षों से बनी कण्ठी माला धारण की जाती है, ये वृक्ष उक्त रोगों को दूर करने की अव्यर्थ औषधि हैं।

बच्चों को दाँत और दाढ़ उत्पन्न होने के समय बड़ा कष्ट होता है, एतदर्थ बहुत से गृहस्थ इस कष्ट से मुक्ति पाने के लिए विदेशी लुटेरों द्वारा तैयार किया कथित बिजली का फीता खरीद कर बच्चों के गले में बाँधते हैं। यद्यपि इस फीते में केवल ताँबे और जस्ते का एक दो तार काले कपड़े में मिला रहता है, परन्तु मूर्ख लोग इसी दो आने की वस्तु को रुपयों में खरीदकर देश का लाखों रुपया विदेशियों को भेंट चढ़ाते हैं। हमने स्वयं अनुभव करके देखा है कि बच्चों के गले में तुलसी, रुद्राक्ष की माला कण्ठी पहिनाई जाए तो दाँतों के उद्‌गम में कष्ट निवृत्ति के अतिरिक्त गलगण्ड कण्ठमाला आदि रोगों की भी निवृत्ति हो जाती है। उक्त बिजली का फीता कहे जाने वाले विदेशी वस्तु से तो हमारे अपने देश की कौड़ियों, छोटे शंखों, शिरस के बीजों से बनी कण्ठी सस्ती और अधिक लाभप्रद सिद्ध होती है। प्रायः देहातों में इसका प्रयोग भी होता है। अब कुछ विलायती चाकचिक्य के उक्त देशी साधनों को छोड़कर विदेश की ओर तांकने में ही अपनी शिष्टता समझते हैं, परन्तु वस्तुतः कपर्दिका आदि वस्तुएँ हैं बहुत लाभप्रद। यदि व्याघ्रनख, चाँदी और सोने का भी उक्त कण्ठी में सन्निवेश हो तो फिर बहुत सी संक्रामक बीमारियों से भी बच्चा सुरक्षित रह सकता है।

(2) धार्मिक दृष्टि से यज्ञोपवीत की भांति कण्ठी माला भी हिन्दुत्व का अनिवार्य चिह्न है। बिशपों और पादरियों के गले में लकड़ी का क्रॉस और ईसा को दी गई फांसी का फंदा = नैक टाई अवश्य रखते हैं। ईसाइयों के धार्मिक चिह्न नैकटाई को बाँधकर तो भारतीय भी अभी तक 'नाक-कटाई' का प्रदर्शन करते हैं। मौलाना साहिब के गले में तो पंडित जी की भांति ही लंबी तसबी लटकती रहती है। वास्तव में इस पवित्र वस्तु को लटकाने के लिए गले से अच्छा अन्य उपयुक्त स्थान भी तो नहीं है।

मध्यमांगुलि से ही क्यों?

जाप में माला घुमाते समय तर्जनी अंगुली का उपयोग नहीं होता, यह क्यों? इसलिए कि-

(क) **हृदि तिष्ठद्दशांगुलम्** (यजुर्वेद 31)

(ख) **ईश्वरः सर्व भूतानां हृद्देशेऽर्जुन तिष्ठति** *(गीता)*

अर्थात् - भगवान का मुख्य निवास स्थान प्राणी का हृदय प्रदेश है। इन प्रमाणों के अनुसार हृदय को प्रभावित करने के लिए ही जाप होता है, सो मध्यांगुलि की धमनी का ही हृत्प्रदेश से सीधा सम्बन्ध है, अतः जाप में उसी का उपयोग होता है। यवनादि इस रहस्य को नहीं जानते।

❑❑❑

माला के 108 दाने क्यों?

कर-माला दाएं हाथ की अंगुलियों के बारह पर्वों में से अनामिका के मध्य पर्व से प्रारम्भ करके दक्षिणावर्त रीति से घूमते हुए इसी पर्व पर समाप्त हो जाती है। इस गणना में मध्यांगुलि का मध्यम पर्व ही केवल छूटता है, शेष ग्यारह पर्व आ जाते हैं। माला के अभाव में इसका भी उपयोग होता है। 'नक्षत्र-माला'-सत्ताईस मणके और एक सुमेरू से बनती है। परन्तु सर्व कार्यों में नित्य कर्म में आने वाली माला एक सौ आठ दाने की होती है, जिसके ऊपरी भाग में सुमेरू प्रथक रहता है। इसके एक सौ आठ दाने क्यों होते हैं? न्यून व अधिक क्यों नहीं होते? यह भी एक जिज्ञासा हो सकती है।

(1) एक सौ आठ दानों का प्रथम कारण यह है कि 'अण्ड पिंड' सिद्धान्त के अनुसार ब्रह्माण्ड के प्रकृति के नियंत्रण से निरन्तर चारों दिशाओं में घूमती हुई नक्षत्र माला को देखते हुए भारतीय ऋषियों ने भी नक्षत्रों की संख्या सत्ताईस को दिशाओं की चार संख्या से गुणित करके एक सौ आठ संख्या माणकों वाली माला का निर्माण किया है। अर्थात्-सत्ताईस चौका एक सौ आठ ही तो होते हैं। अतः न्यून व अधिक का प्रश्न ही नहीं उठता।

(2) एक सौ आठ दाने का दूसरा कारण यह भी है कि जिस नक्षत्र माला के आधार पर जाप माला की कल्पना की गई है उन सत्ताइस नक्षत्रों में प्रत्येक के चार चरण होते हैं; जैसे-**'चू चे चो ला' अश्विनी** आदि, जिसे सभी साक्षर जानते हैं। सो समस्त सत्ताईस नक्षत्रों के कुल मिलाकर 108 ही चरण होते हैं, इस गणना के अनुसार जाप माला के 108 दाने ठीक हैं। यहाँ पर भी अधिक जान लेना चाहिए कि नक्षत्र माला के आधार पर हमारी यह माला बनी है-यह केवल हमारी कल्पना ही नहीं अपितु हमारे इस विवेचन में एक अटल हेतु भी विद्यमान है। माला के दोनों किनारों को मिलाकर जहाँ एक किया जाता है उस स्थान के सर्वोच्च दाने को 'सुमेरु' कहते हैं, सो हमारे ब्रह्माण्ड की नक्षत्र माला के भी दोनों किनारे जहाँ सम्मिलित होते हैं, उस स्थान को 'सुमेरु पर्वत' के

नाम से ही पुरणादि ग्रन्थों में स्मरण किया है। जैसे कोल्हू का एक किनारा एक कील पर स्थिर रहता है और दूसरा चारों ओर वर्तुलाकार घूमता है, ठीक इसी प्रकार नक्षत्र माला का भी एक किनारा ध्रुव की ओर सुमेरु नामक कील पर सुस्थिर है और दूसरा पूर्व से पश्चिम की ओर घूमता है। ध्रुव और तत्सम्बद्ध ध्रुवाक्ष नाम के दोनों तारों और सप्तर्षि मण्डल के सात तारों के परिक्रमण से हमारी यह बात ठीक समझ में आ सकती है। इसलिए जप माला और नक्षत्र माला दोनों के ही संयोजन स्थान को सुमेरु कहने के कारण कोई भी विचार उक्त दोनों वस्तुओं की समता का सहज में ही अनुमान कर सकता है।

(3) माला के एक सौ आठ दाने का तीसरा कारण यह भी है कि अहोरात्र में मनुष्य के श्वासों की स्वाभाविक संख्या इक्कीस हजार छह सौ वेद शास्त्रों में निश्चित की है यथा–

षट् शतानि दिवारात्री सहस्राण्येकविंशतिः।
एतत्संख्यात्मकं मन्त्रं जीवो जपति सर्वदा॥

(चूड़ामणि उपनिषद् 32/33)

इस विषय का सप्रमाण विस्तृत विवेचन इसी ग्रन्थ में अन्यत्र अन्यत्र देखा जा सकता है। अहोरात्र में यदि आधा समय शयन, भोजन अन्यान्य सांसारिक कृत्यों का अर्थात्-लोक साधना का माना जाए और आधा परमार्थ साधना का माना जाए, तो 21600 श्वासों के आधे 10800 (दस हजार आठ सौ) श्वास हरिभजन के लिए निश्चित समझने चाहिए।

❑❑❑

श्री श्री 108 क्यों?

प्रधान धर्माचार्यों और जगद्गुरुओं को श्री 108 लिखने की प्रचलित परिपाटी का हेतु भी स्पष्ट है। हमारे ब्रह्माण्ड में समस्त ग्रह पिंडों से ऊपर नक्षत्र कक्षा कही जाती है। नक्षत्र से ऊपर अन्य कोई पिंड नहीं-सो हम जिस व्यक्ति को सर्वोच्च-पद प्रदान करना चाहे उसे नक्षत्र कक्षा से ही उपमित कर सकते हैं। यह पदवी प्रायः परिव्राजक अर्थात्-निरन्तर सर्वत्र घूम-घूम कर धर्म प्रचार करने वाले महात्माओं के साथ ही प्रयुक्त की जाती है। अतः यहाँ भी नक्षत्र संख्या और दिग् संख्या को गुणित करके 27 गुण 4 = 108 लिखा जाता है। आजकल जो श्री एक हजार एक सौ आठ और अनन्त श्री लिखने का प्रचार हो चला है यह जहाँ सौ से अधिक सहस्र और सहस्र से अधिक लक्ष इस प्रकार उत्तरोत्तर बढ़ते हुए 'अनवस्था' दोष से ग्रस्त होने के कारण अन्त में निरर्थक सिद्ध होता है वहाँ 'होला' तो 'दीवाली' से बड़ा 'दीवाला' का भी प्रत्यक्ष निदर्शन है।

प्राणायाम

हमने पीछे कहा है कि संध्या का मुख्य तत्त्व प्राणायाम है। प्राणायाम का तात्पर्य साधारणतया तो प्राणों का व्यायाम है, किन्तु इसका वास्तविक तात्पर्य है प्राणशक्ति पर विजय। शास्त्रकारों ने लिखा है-

प्राणास्तु द्विविधा ज्ञेयाः स्थूलसूक्ष्मप्रभेदतः।
यथा जयः स्यात्प्राणानां प्राणायामः स उच्यते॥

अर्थात् सूक्ष्म और स्थूल भेद से प्राण दो प्रकार का होता है और जिस क्रिया द्वारा दोनों प्रकार के प्राणों पर विजय प्राप्त की जाए उसे प्राणायाम कहते हैं। प्राणों का व्यायाम प्राणायाम की प्रथम कक्षा कही जा सकती है और प्राण विजय अन्तिम। निरन्तर अभ्यास से प्राणशक्ति पर विजय प्राप्त कर मनुष्य ऐसी दशा में पहुँच जाता है कि वह समस्त संसार में व्याप्त प्राणशक्ति को जैसे चाहे प्रवाहित कर सके और उससे अपने मनोनुकूल कार्य करवा सके।

प्राणशक्ति समस्त संसार में व्याप्त है। कहीं वह स्थूल रूप में है और कहीं सूक्ष्म। मनुष्य पशु-पक्षी आदि जीवों में प्राणशक्ति का श्वास-प्रश्वासमय स्थूल रूप भलीभाँति देखने को मिल ही जाता है। किन्तु वृक्ष लता गुल्म पाषाणादि

जड़ वस्तुओं से भी सूक्ष्म प्राण शक्ति निहित है-इस विषय में आज के वैज्ञानिक युग में किसी सन्देह करने की गुंजाइश नहीं रही है। वृक्षादि जड़ वस्तुओं में ही क्यों, पृथ्वी का प्रत्येक परमाणु सूक्ष्म प्राणशक्ति से भरपूर है। यह जल में भी व्याप्त है, तेज, वायु, आकाश आदि में भी है। समस्त संसार के प्राणी, भुवन मण्डल में बिखरे हुए प्राण शक्ति के भण्डार से ही स्वानुकूल शक्ति को ग्रहण कर बढ़ते और जीवित रहते हैं।

ऐसी दशा में प्राणायाम की अन्तिम कक्षा में पहुँचा हुआ साधक यदि अपनी भुवन-प्राण-विजयिनी शक्ति के प्रभाव से किसी जड़ वस्तु में विद्यमान अविकसित प्राणशक्ति को उद्वेलित कर उससे कार्य ले, तो यह असम्भव नहीं कहा जा सकता। प्राणायाम साधना-शून्य आज का जगत्, प्राण विजयी योगियों के इस प्रकार के यदा-कदा दीख पड़ने वाले चमत्कारों पर विश्वास करें किन्तु यह निर्विवाद है उनके लिए इस प्रकार के कार्य साधारण हैं, परन्तु इस प्रकार के प्राणविजयी योगी हमारे इस अनुच्छेद का विषय नहीं है, इसलिए विस्तार में न जाते हुए इस प्राणायाम के प्रथम अर्थ पर विचार करेंगे।

❑❑❑

प्राणायाम क्यों?

हाँ! तो प्राणायाम का अर्थ है-प्राणों का व्यायाम। भारतीय महर्षियों ने जहाँ शरीर को चिरकाल तक स्वस्थ एवं कार्यक्षम रखने के लिए व्यायाम पद्धति को दिनचर्या का अंग बनाया वहाँ मनुष्य के प्राण हृदय मन आदि आभ्यन्तरिक अवयवों को दृढ़ एवं पुष्ट बनाने के लिए प्राणायाम का भी आविष्कार किया। श्वास-प्रश्वास साधना की यह ऐसी अद्भुत प्रणाली है कि यदि मनुष्य निरन्तर इसका अभ्यास करे तो कुछ ही दिनों में उसे अनुभव होगा कि उसकी तो काया ही पलट गई। शरीर में प्रस्तुत सभी शक्तियाँ जाग उठेंगी और एक ऐसा ओज एवं तेज हिलोरे लेने लगेगा, कि किसी प्रकार की चिंता, कष्ट, निराशा आदि उसके समीप भी न आ सकेंगे।

प्राणायाम के अगणित आध्यात्मिक महालाभों का यहाँ विशेष उल्लेख न करके हम शरीरिक व्यायाम और श्वास प्रश्वास साधनात्मक पहलू का उल्लेख क्यों कर रहे हैं, इसका एकमात्र कारण यह है कि इन्द्रियातीत आध्यात्मिक लाभों में आज के जड़-जगत् को आस्था नहीं है। वह तो सब जगह तात्कालिक प्रत्यक्ष लाभ ढूंढता है। यदि वस्तुतः ऐसा कोई लाभ जंचे-बुद्धिवादी भी उसे कर्तव्य कोटि में परिगणित कर सकने की धारणा रखते हैं। इसलिए हमने जानबूझकर प्राणायाम का प्रधान उद्देश्य यहाँ व्यायाम तथा श्वास साधना ही प्रकट की है।

प्राणायाम का अभ्यास जितनी कम अवस्था से प्रारम्भ होगा वह उतना ही लाभप्रद होगा। प्राचीन भारत में दस-बारह वर्ष के उपनीत बालक को संध्या के साथ यह व्यायाम भी कराया जाता था। बाल्यावस्था में शरीर के समस्त अंगों में बर्द्धनोन्मुखी प्रवृत्ति रहती है और जितना सुअवसर मिले वे विकसित हो सकते हैं। उस समय शारीरिक मांसपेशियों, ग्रंथियों एवं सौत्रतन्तुओं में स्थितिस्थापक गुण भी पर्याप्त मात्रा में होता है इसलिए बालकों को इस व्यायाम से बहुत अधिक लाभ प्राप्त होता है। ज्यों-ज्यों अवस्था बीतती जाती है त्यों-त्यों हम इस प्रक्रिया में अमूल्य लाभों से वञ्चित होते जाते हैं।

आजकल प्रायः मनुष्य जब घर-बार के धन्धे से जब बेकार हो जाते हैं और शरीर वृद्ध हो जाता है तब धर्मोन्मुख होते हैं। तब ही, एक धार्मिक विधान

के नाते उनका प्राणायाम से परिचय होता है और वे उसका अभ्यास प्रारम्भ करते हैं। इस अवस्था में प्राणायाम से उन्हें जब कोई विशेष लाभ नजर नहीं आता तब केवल उसे छोड़ ही नहीं बैठते बल्कि उसे व्यर्थ का ढकोसला या दु:साध्य हठयोग की क्रिया मान बैठते हैं।

बात वास्तव में ऐसी नहीं है। वृद्धावस्था में निरन्तर अभ्यास से प्राणायाम लाभ पहुँचाएगा, किन्तु एक सीमा तक। यह एक प्रकार से ऐसी चेष्टा है जैसे किसी वृद्ध मनुष्य को खूब घी, दूध खिलाकर और दंड कसरत कराकर पहलवान बनाने की चेष्टा। जिस तरह उस समय सेवन किए हुए घृत, दुग्धादि पदार्थ केवल उसकी गिरती हुई जीवनशक्ति को यथासम्भव बचा सकने मात्र में ही काम आते हैं, इसी प्रकार उस समय किया हुआ प्राणायाम उसके परिपक्व शरीर और प्राणों के लिए सीमित लाभप्रद ही सिद्ध होता है। इसलिए बाल्यावस्था से ही संध्या वंदनादि का अभ्यास डालना चाहिए। पाठकों को कम से कम अपने बालकों को ऐसे महत्त्वपूर्ण अभ्यास से वञ्चित न रखना चाहिए।

❑❑❑

शिखा बन्धन क्यों?

समस्त धार्मिक अनुष्ठानों के आरम्भ में ग्रंथी लगाना भी सर्वथा आवश्यक माना गया है, यथा-

शास्त्रीय स्वरूप

(क) यशसे श्रियै शिखा। *(यजु.)*
(ख) सदोपवीतिना भाव्यं सदा बद्धशिखेन च।
(ग) गायत्रीमन्त्रेण शिखां बद्ध्वा।

अर्थात्- (क) यशः और लक्ष्मी = शोभा के लिए निमित्त शिखा धारण करें।
(ख) सदैव (द्विज) यज्ञोपवीत धारण करें और (अन्य हिन्दू) शिखा बाँधी रखें।
(ग) (यथाधिकार) गायत्री मन्त्र से शिखा बाँधकर धार्मिक कृत्य करें।

वैज्ञानिक विवेचन

शिखा के सम्बन्ध इस ग्रन्थ में अन्यत्र विस्तारपूर्वक लिखा गया है। यहाँ तो केवल इतना ही प्रसंग है कि संध्यावंदन यज्ञानुष्ठान आदि प्रत्येक धार्मिक कृत्य से आरम्भ से सर्वप्रथम शिखा में ग्रंथी लगाने की अनिवार्य विधि है, यह क्यों? इसलिए कि-

आसन माला विवेचन के अनुसार पाँवों, हाथों की भाँति वातावरण से प्रभावित होने वाला मानव पिण्ड का पाँचवाँ अंग मस्तक है। देखने में तो यह गोल-मटोल है परन्तु आँख, नाक, कान आदि छेदों की भाँति सिर में भी गुप्त द्वार है-जिसे 'दशम द्वार' भी कहते हैं। यजुर्वेदीय तैत्तिरीयोपनिषद् के शिक्षाध्याय (1/6/1) में वर्णन आता है कि-

**(क) अन्तरेण तालुके य एषः स्तन इव अवलम्बते स इन्द्रयोनिः।
अन्न असौ केशान्तो विवर्तते, व्यपोह्यशीर्षकपाले।।**

**(ख) आन्तरो मस्तकस्योर्ध्वं शिरासन्धिसमागमः।
रोमावर्तोऽधिपो नाम मर्मः हरत्यसून।।**

(अष्टांगहृदय शरीरस्थान)

अर्थात् - (क) तालु के अन्दर जो कंठ लटकता दीख पड़ता है, इसका नाम इन्द्रयोनि है, इसके ठीक समान सूत्र में कपाल स्थान परे जो रोम राशि है वह मर्म रक्षक है।

(ख) मस्तक के ऊँचे अभ्यन्तर स्थान के रोमों के आवर्त का नाम 'अधिप' है, जो बहुत मर्मस्थल है, जिसके उपद्रुत होने से तत्काल मृत्यु हो जाती है।

सो उक्त छिद्र-दशम द्वार की संरक्षा के लिए वैदिक विज्ञान के अनुसार यहाँ शिखा रखी जाती है, धर्मानुष्ठान के समय इस मार्ग से वातावरण, उपर्जित आध्यात्मिक शक्ति का विनाश न कर सके-एतदर्थ द्वार बन्द करने की भाँति शिखा को गाँठ लगानी आवश्यक है। विद्युत शास्त्र का यह अटल सिद्धान्त है कि नोकीले पदार्थ विद्युत शक्ति का भेदन कर देते हैं। उनमें वह झटिति प्रविष्ट हो जाती है, वर्तुलाकार घेरेदार किंवा आबद्ध पदार्थों पर वह सहमा संक्रान्त नहीं होती। सो, शिखा में गाँठ लगाना, समाधि के समय अंगुष्ठ और तर्जनी के मेल से वर्तुल बनाना, किंवा मुट्‌ठी बाँधना ये सब क्रियाएँ पूर्वोक्त विद्युत सिद्धान्त पर आधारित है।

ऊँचे-ऊँचे हिन्दू मन्दिरों के शिखरों पर नोकीली लौह शलाका लगाना भी आकाश से गिरने वाली बिजली के वेध को रोकने के अभिप्राय से ही है। भारतीय ऋषियों ने मन्दिरों के शिखरों पर चक्र, त्रिशूल और कलश की आवृत्तियाँ बनाकर वर्तुल वेध सिद्धांत से बहुत लाभ उठाया है। इसलिए हमारा कोई प्राचीन मन्दिर बिजली के पात से भूमिसात् हुआ हो, ऐसा इतिहास में कोई प्रमाण नहीं मिलता। पाश्चात्य विज्ञानवेत्ताओं ने जब ऊँची मीनारों पर विद्युत् पात की आशङ्का समझी तो उन पर हमारे मन्दिरों की भाँति लौह शलाका लगाकर उसका पृथ्वी पिण्ड से सम्बन्ध जोड़ दिया। यह बात किसी भी ऊँची इमारत पर लगी सींख और ऊपर से पृथ्वी तक लगी पत्ती से जानी जा सकती है। अस्तु, **शिखा बन्धन का हेतु** - गुप्तद्वार, दशमद्वार, इन्द्रयोनि अधिप और वस्तुलिंग आदि अनेक नामों से पुकारे जाने वाले उस स्थान की रक्षा करना है जो कि मानव पिण्ड से सर्वाधिक कर्म स्थान माना जाता है। हमारे इस शिखाबन्धन का ही यह प्रत्यक्ष फल है कि भारतीय ऋषियों के लिखे हुए 'दर्शन-शास्त्र' आज भी उनके सही मस्तिष्क होने की साक्षी देते हैं।

❑❑❑

कुशा धारण क्यों?

संध्या में बाएं हाथ में दर्भ मुष्टि रखने का, अन्यान्य धार्मिक अनुष्ठानों में अंगुलियों में कुशानिर्मित पवित्री पहिनने का तथा जप में माला फेरने का और समाधि के समय तर्जनी और अंगुष्ठ की कुण्डलाकृति किंवा मुष्टिकाकृति बनाने का शास्त्र में उल्लेख मिलता है, माला आदि विषयों पर तो यथास्थान विचार किया जाएगा यहाँ कुशा विषय में विचार किया जाता है।

शास्त्रीय विचार-

(क) दर्भो य उग्र औषधिस्तं ते बध्नामि आयुषे।

(ख) नास्य केशान् प्रवपन्ति नोरसि ताडमाघ्नते।
यस्मा अछित्रपर्णेन दर्भेण शर्म्म यच्छति॥

(ग) दर्भेण देवजातेन हिविष्टम्भेन।

(घ) दर्भः परिपातु विश्वतः। *(19/32/1-10)*

(ङ) द्वौ दर्भौ दक्षिणे हस्ते वामे त्रीन् आसने सकृत्।
उपविशति शिखायाञ्च पादमूले सकृत सकृत्॥

(देवी भागवत 11-20)

(च) अग्निस्सूर्य्यश्चन्द्रमा भूमिरापो, द्यौरन्तरिक्षं प्रदिशो दिशश्च।
आर्तवा ऋतुभिः संविदाना अनेन मा त्रिवृताः पारयन्तु॥

अर्थात् -

(क) कुश = दर्भ तत्काल फल देने वाली महौषधि है। उसे आयुवृद्धि के निमित्त धारण करना चाहिए।

(ख) जो मनुष्य अछिन्नपूर्ण दर्भ पहिनकर कल्याणान्वित होता है, उसके बाल नहीं झड़ते और ना ही छाती में आघात पहुँचता है।

(ग) कुशा देवी गुणों से उत्पन्न हुई है और यह देवी वातावरण = ऐटमास्फीयर = से सुरक्षित रखता है।

(घ) दायें हाथ की अनामिका में दो कुशाओं से निर्मित पवित्री पहिननी चाहिए और बाएँ हाथ में तीन कुशा से बनी । एक कुशा यज्ञोपवीत में, एक शिखा में और दोनों पाँवों के नीचे एक रखें।

(ङ) अग्नि, सूर्य, चन्द्र, पृथ्वी, जल, द्यौ, अन्तरिक्ष, दिशा, विदिशा ऋतुएँ और उनमें होने वाले उपायों के द्वारा मुझे पार कीजिए।

वैज्ञानिक विवेचन-

कुशा की पवित्री हाथों में इसलिए पहिनी जाती है, कि जैसे पार्थिव विद्युत-प्रवाह पाँवों के मार्ग से मानव पिंड की सञ्चित आध्यात्मिक शक्ति को खींचकर नष्ट कर देता है और उसकी रोकथाम के लिए पाँवों के नीचे आसन बिछाना अनिवार्य है, ठीक इसी प्रकार अंतरिक्ष व्याप्त विद्युत प्रवाह जिसे आज के वैज्ञानिक भाषा में 'ईथर' कहते हैं, भी मानव पिण्ड को चारों ओर से निरन्तर घेरे रहता है। हमारे शरीर के पाँच स्थानों द्वारा ही वह हमें प्रभावित कर सकता है, दोनों पावों, हाथ और मस्तिष्क। क्योंकि हमारे शरीर के यही पाँच अङ्ग अन्तिम भाग हैं। सो, प्रत्येक धार्मिक कृत्य में सिद्ध, पद्म, सुख जिसे भी आसन से बैठने का विधान है, उसमें दोनों पाँव फैलाकर या टाँग रखकर बैठना हमारे यहाँ अनुचित समझा जाता है। गुरु सन्निधि में और शिष्ट समाज में कोई भी सभ्य हिन्दू उपर्युक्त रीति से नहीं बैठेगा।

❑❑❑

अन्यमत और क्यों?

इस प्रकार सनातनधर्म दावा, दलील और मिसाल तीनों प्रकार के शास्त्रों से उत्पन्न होने के कारण सर्वाङ्गपूर्ण है परन्तु ईसाई मुसलमान आर्यसमाजी आदि सभी मतों केवल दावा मात्र हैं। किसी अंश में यथाकथञ्चित् मिसाल भी मिल जाती है, परन्तु दलील का सर्वथा अभाव है। यदि हम किसी मुसलमान से पूछें कि वह दाढ़ी रखता हुआ मूछों को क्यों कटा डालता है? और खुदा को निर्विशेष रूप से सर्वत्र मानता हुआ केवल काबे की ओर मुँह करके ही नमाज क्यों पढ़ता है? तो वह कुछ भी हेतु = दलील देने में असमर्थ होने के कारण बिगड़ कर यही कहेगा कि 'तू काफिर है, जो मज़हब में 'क्यों' का अड़ंगा लगाता है।' इसी भाँति किसी ईसाई से पूछिए कि आपका पादरी कमर में रस्सा क्यों बाँधता है? और गले में लकड़ी का बना क्रॉस चिह्न क्यों लटकाता है? तो वे भी यही कहेंगे-हमारे धर्मग्रन्थ अंजील और तौरित में ऐसा करना लिखा है। पुनश्च पूछा जाए कि ऐसा क्यों लिखा है? तो वह पूछने वालों को 'काफिर' कहने के अतिरिक्त अन्य कुछ भी उत्तर नहीं दे सकते।

भारतीय सम्प्रदायों में आर्यसमाज भी एक ऐसा मत है कि जो कहने को तो बड़ा तार्किक बनता है और वह अपना जन्म ही शिवलिंग पर चढ़े चूहे को देखकर-जब यह प्रतिमा अपने ऊपर चढ़े चूहे को भी नहीं हटा सकती तो यह हमारी रक्षा कैसे कर सकेगी-इस तर्क या कुतर्क के आधार पर मानता है। अन्यान्य सभी सम्प्रदायों की धार्मिक क्रियाओं का उपहास उड़ाने में भी अपने तर्क तोमर की तीव्र धार का बड़ी बेरहमी से प्रहार करता है, परन्तु स्वयं इतना दकियानूस और **'दादा वाक्यं प्रमाणम्'** की दल में आकण्ठ मग्न है कि अनेक सर्वथा मिथ्या और कपोल-कल्पित बातों को भी केवल इसलिए हठात् पकड़े बैठा है कि वे बातें दयानंदी टकसाल के सांचे में ढली हैं। उदाहरणार्थ-

आर्य समाजियों से पूछिये कि हवन क्यों करते हो? तपाक से उत्तर देंगे-वायु शुद्ध करने के लिए। पुनः प्रश्न कीजिए कि वायु शुद्धि तो अग्नि में यथा-तथा सुगन्धित द्रव्य डालने मात्र से हो सकती है। फिर आप साथ-साथ मन्त्र क्यों बोलते हो? उत्तर मिलेगा कि इस बहाने से वेद मंत्र भी कण्ठस्थ हो जायेंगे। पुनश्च पूछिये कि यदि मंत्र कण्ठ करने मात्र से ही अभिप्राय से बोले

जाते हैं-जो अक्ल का तकाजा है कि अमुक-अमुक मंत्र कण्ठ हो जाएँ तो पुनः नये-नये मंत्र बोलने चाहिए। परन्तु तुम तो अन्यून एक शताब्दी से वही स्वामी दयानन्द संगृहीत 'हवन मंत्राः' नामक साढ़े सात मंत्र कण्ठस्थ न हो पाये, तो इस सुस्त रफ्तार और इतनी कुन्द जहनियत से एक लक्ष मंत्र बोले वेदों का पूरा परायण तुमसे सहस्र जन्मों में भी नहीं हो सकेगा। बस, यह सुनते ही दयानंदियों की दलीलों का दिवाला निकल जायेगा और शास्त्रार्थ बनाने के प्रयत्न में तत्पर हो जाएँगे।

वास्तव में इन सभी पंथों के पास क्यों? बताने के साधन-भूत ग्रंथ ही नहीं हैं। आर्यसमाज भी यदि किसी एक भी दर्शन को मान ले तो उसकी रेत की दीवार तत्काल धम्म से गिर जाये। सभी दर्शनों में मूर्तिपूजा, ईश्वर का अवतार, मृतश्राद्ध, जन्मना वर्ण व्यवस्था, तीर्थ और स्पर्शास्पर्श आदि वैदिक विषय ओतप्रोत है। अतः वह केवल वेदानुकूल और प्रक्षेप रहित अंश हमें मान्य हैं' इस बहाने से उन्हें न सर्वांश में मान सकता है न छोड़ सकता है-'भई गति साँप छछुन्दर केरी'।

अस्तु, अन्य मत वाले 'क्यों' से बहुत घबराते हैं 'क्यों' पूछा कि प्रश्नकर्ता को 'काफिर' की उपाधि मिली। वस्तुतः ये सब सम्प्रदाय 'क्यों' का उत्तर देने में विवश है। लाचार है।

❑❑❑

सनातन धर्म और क्यों?

'क्यों' की समस्या एक उदाहरण से अच्छी तरह समझ में आ सकती है। आपने देखा होगा कि बड़े-बड़े रेलवे स्टेशनों, बैंकों और ऑफिसों में सार्वजनिक जिज्ञासाओं की निवृत्ति के लिए पूछताछ (Enquiry) का दफ्तर होता है। यहाँ लम्बे-लम्बे वेतन वाले सुयोग्य व्यक्ति केवल इसी काम के लिए महकमे की ओर से नियुक्त रहते हैं कि वे जनता की पूछताछ का उत्तर दें। जनता उनसे सौ बार भी पूछे तो वे बुरा नहीं मानते, बराबर उचित उत्तर देते रहते हैं। कुछ लोग तो ऐसे अनावश्यक ऊलजलूल प्रश्न भी करते हैं कि जिन्हें सुनकर सर्व साधारण को भी झुंझलाहट सी होती है परन्तु इस कार्यालय के इंचार्ज अजीब मिट्टी के पुतले होते हैं, अतः उनके धैर्य का बाँध नहीं टूटता। तथैव मुस्कराते हुए सौ बार कहा सुना उत्तर पुनरपि बार-बार = (रिपीट) करते हैं। परन्तु यदि किसी ऐसे व्यक्ति से, जो कि वस्तुतः पूछताछ का अध्यक्ष नहीं, कोई प्रश्न किया जाए तो वह प्रश्न का उत्तर देने के लिए बाध्य न होगा। एक बार यदि उपकार की दृष्टि से कुछ बता भी दे तो पुनः पूछने पर झुंझलाहट डांट ही बताएगा। ठीक इसी प्रकार सनातनधर्म रूप इस महान ऑफिस में एक दो नहीं पूरे छह पूछताछ के कार्यालय खुले हैं। संसार भर की जिज्ञासाओं = 'क्यों' को छह भागों में विभक्त करके एक-एक 'क्यों' का सर्वाङ्गपूर्ण का उत्तर देने के लिए एक-एक प्रधान अध्यक्ष और उसके अनेक सहकारी शिष्य प्रशिष्य नियम है। प्रधानाध्यक्षों के नाम हैं- कपिल, गौतम, कणाद, पतंजलि, जैमिनी और व्यास।

इन महात्माओं ने अपने-अपने विभाग की सर्वाङ्गपूर्ण दर्शनसंचिका = डायरेक्टरी तैयार कर रखी है, जिनके नाम हैं क्रमशः-सांख्य, न्याय, वैशैषिक, योग्य, मीमांसा और वेदान्त। आप पूछिये कि यह संसार क्या है? तो झट कपिल जी महाराज अपने शास्त्र सांख्य दर्शन को खोलकर उत्तर देंगे कि केवल 25 ही तो मूलतत्त्व हैं जिनसे यह अनंत प्रपंच दीख पड़ता है। बस, इसी तरह पदार्थ की दृष्टि से प्रश्न करने पर गौतम जी प्रमाण प्रमेय आदि केवल सोलह पदार्थ समझकर आपकी जिज्ञासा का समाधान करेंगे। यदि आप इसी बात को और भी संक्षेप में पूछना चाहें तो श्री कणाद जी बात की बात में द्रव्यगुणादि केवल सात

ही पदार्थों के वर्णन से शॉर्ट में समझा देंगे अपनी देह के? और उनसे होने वाली अज्ञात शक्तियों को विकसित करके, संदेह लोकांतरगमन, परकाया-प्रवेश, सर्व-भूत-रुत-ज्ञान, क्षुत्पिपासानिवृत्ति आदि अनन्त सिद्धियों का भेद जानना चाहते हो तो इस 'क्यों?' का उत्तर महर्षि पतञ्जलि प्रदान कर देंगे। यज्ञ यज्ञादि अनेक धार्मिक क्रियाओं की इतिकर्तव्यता से सम्बन्ध रखने वाले समस्त शंकाओं का समाधान श्री जैमिनी जी करेंगे। अन्त में अथ से लेकर इति-पर्यन्त सब प्रपंच के जन्म स्थिति विलय से सम्बन्ध रखने वाले समस्त प्रश्नों का समाधान करते हुए श्रीकृष्णद्वैपायन वादरायण व्यास, नर को नारायण तक पहुँचाने का मार्ग परिष्कृत कर देंगे।

आपके उलटे-सीधे जितने भी प्रश्न होंगे उन सब के सर्वाङ्गपूर्ण उत्तर देने के लिए उक्त ग्रन्थों के अनेक भाष्यकार, टीका टिप्पणीकार और प्रस्थानत्रयी के उदार भाष्यकार तैयार बैठे हैं। इन धुरंधर महानुभावों के पास जाते हुए यदि आप अपनी अयोग्यता के कारण भयभीत होते हैं तो 'सिया राम मय सब जग जानी' के अनुसार आपमें भी अपने इष्टदेव की बांकी-झांकी देखने वाले सौम्यमूर्ति गोस्वामी तुलसीदास जी के ही सम्पर्क में आ जाइये, वे ही आपके तुच्छ से तुच्छ और बड़े से बड़े दार्शनिक प्रश्न का आपकी ही भाषा में अकाट्य समाधान कर डालेंगे। क्या आपको शंका है कि निर्गुण कहा जाने वाला भगवान सगुण कैसे हो जाएगा? तो सुनिये गोस्वामी जी क्या कहते हैं-

जो गुण रहित सगुण सो कैसे?
जल हिम उपल विलग नहीं जैसे॥

यदि इतने पर भी आप, जल और हिम-उपल के तारतम्य को समझने में असमर्थ हो तो आपकी हिमालयप्रख्य वृद्धि की बलिहारी! आप भूलकर भी-'एक दारुगत देखिय एकू। पावक युग सम ब्रह्म विवेकू'- के पचड़े में मत पड़िए।

हाँ! तो सनातन धर्म में ये सब महात्मा 'क्यों' कार्यालय के अवैतनिक अध्यक्ष हैं। सम्भवत: क्या-निश्चित ही, आपको इन तक पहुँचने का कष्ट भी न होने दिया जाएगा। मादृश कई स्वयंसेवक उक्त महानुभावों के द्वार पर ही जिज्ञासाओं की सुव्यवस्था के लिए निरन्तर खड़े हुए पाएँगे-आपकी शंकाओं के समाधान का तो हमीं प्रबंध कर सकें। खबरदार! कुतर्कों और ननु, न च, किन्तु, परन्तु से परिपूर्ण हुज्जतों का पुलिन्दा व्यर्थ ही साथ न उठा लाना,

क्योंकि ऐसी आपत्तिजनक सामग्री का यहाँ प्रवेश निषिद्ध है। हम लोग इसीलिए ही द्वार पर तैनात हैं। यदि हमें आपके पड़ोस में भी उक्त वस्तुओं की दुर्गन्ध आ गई तो लेने के देने पड़ जाएँगे। कुतर्कों का ऐसा चकनाचूर किया जाएगा-किन्तु परन्तु की ऐसी तुनतुनी तोड़ी जाएगी कि हुज्जतें हाय-हाय करती हुई जहन्नुम रसीद हो जाएगी।

इसलिए हम उपर्युक्त स्थापना द्वारा डंके की चोट पर घोषित करते हैं कि जिस भी तार्किक को अपनी क्यों का गर्व हो वह सनातन धर्म के सामने आए। जिज्ञासु के स्वागत में हम पलके बिछाएँगे और हुज्जतबाजों को खरी-खरी-किन्तु सभ्य भाषा में सुनाएँगे। सो जिस 'क्यों?' के पचड़े में पागल हुए पादरी 'प्लायताम्' के पाठ प्रैक्टिस करने लग जाते हैं और जिस 'क्यों?' के मारे मुल्ला-मौलाना मेमने की तरह मिमियाते हुए मगजमारी के मरीज बन जाते हैं-तथा बड़े से बड़े बौद्ध विद्वान जिस 'क्यों?' को 'बुद्धिबाह्य' बताकर बातें बनाना भूल जाते-एवं जिस 'क्यों?' की दहाड़ से विदीर्ण हृदय होकर दादा वाक्य को वेद मानने में दिलेर दकियानूस दयानन्दी अपनी 'सुध-बुध' का दिन दहाड़े दीवाला निकाल डालते हैं-अथ च दूसरी सारी समाज सोसायटी के सदस्य भी जिस 'क्यों?' की सनक सवार हो जाने से सदा के लिए संदेह सागर में समा जाते हैं-उसी कल्पित पन्थों को डराने वाली महाकाली क्यों? को सनातन धर्म रूप शंकर ने अपनी अर्धाङ्गनी बना छोड़ा है। ऐसी स्थिति में-ब्रह्म का अपनी अभिन्न छाया माया से, धर्म का शास्त्रसम्मत तर्क से, और 'क्या का क्यों' से वही सम्बन्ध है जो कि सती साध्वी अनुमामिनी अर्धाङ्गनी का अपने सर्वस्व प्राणाधार पति से होता है।

यह बात सर्वाविदित है कि आजकल सनातन धर्म की प्रत्येक बात पर चारों ओर से क्यों? का कोलाहल मचाया जाता है। यह भी आपको मालूम है कि पाश्चात्य-शिक्षा-दीक्षित जन समुदाय को हमारा रहन-सहन, हमारी उठ-बैठ, हमारा जीवन-मरण गर्ज है कि हमारी इहलौकिक और पारलौकिक समग्र दैनन्दिनी चर्या अथ से लेकर इतिपर्यन्त कोरी पाप-लीला ही जंचती है। इसलिए कथित बुद्धिवादी भी धर्मपराङ्मुख न हो उनकी भी धर्म में प्रवृत्ति बनी रहे एतदर्थ-गर्भादान से लेकर अंत्येष्टि पर्यन्त समस्त संस्कारों की इति-कर्तव्यता का, प्रातः जगने से लेकर पुनः शमन तक की आह्निक क्रियाओं का, चारों वर्णों और चारों आश्रमों के विभिन्न अनुष्ठेय कर्मों की इयत्ता का, अमुक पदार्थों के स्पृश्यास्पृश्य, ग्राह्याग्राह्य और भक्ष्याभक्ष्य होने की व्यवस्था का-गर्ज है कि सनातन धर्म की प्रत्येक रीति और नीति का सप्रमाण सयौक्तिक वैज्ञानिक रहस्य

प्रकट करने के लिए, आस्तिक समाज के एकमात्र धर्म्माधर्म्म निर्णायक सर्वथा और सर्वदा शिरोधार्य शब्द प्रमाण के साथ प्रत्यक्षवादी किंवा बुद्धिवादी कहे जाने वाले लोगों को यथा कथञ्चित् सन्तोष दिलाने वाली क्यों? अर्थात्-हेतुवाद-का भी तो धर्म निर्णय में विशेष स्थान है। इसलिए जहाँ पतञ्जलि जी महाभाष्य के शब्दों में **'शब्द-प्रामाणिकाः वयम्'** कहते हुए वेद प्रतिपादन को प्रमाण मानने वाले कहलाने में गर्व अनुभव करते हैं वहाँ **'युक्तिप्रमाणाभ्यां हि वस्तुसिद्धिः'** कहते हुए 'युक्तिवाद' का भी यथेष्ट आदर करते हैं। यही सनातन धर्म में 'क्यों?' को स्थान है।

❑❑❑

हम चन्द्रादि की पूजा क्यों करें?

देखो! देवता शब्द के अनेक अर्थ होते हुए भी इसका मुख्य अर्थ 'दाता' है। निरूक्त में **'दानाद् वा द्योतनाद् वा'** यही इसका निर्वचन किया है।

सो, **'अनन्ता वै देवा:'** के अनुसार यूं तो देवता अनन्त हैं, परन्तु जिन-जिन पिण्डाभिमानियों से हमारा साक्षात् विशिष्ट सम्बन्ध है, उनकी ही विशेष पूजा का आस्तिकों में प्रचलन है। सूर्य से हमारे प्राण का सम्बन्ध है, चन्द्रमा से मन:शक्ति का सम्बन्ध है, मङ्गल से रक्त का, बुध से वाणी का, गुरु से बुद्धि का, शुक्र से वीर्य का, शनि से जठराग्नि का, मन:शक्ति निरोधक भू-छाया रूप राहु से और प्राणशक्ति निरोधक चन्द्र-छाया रूप केतु से हमारे स्वास्थ्य का सम्बन्ध है। पृथ्वी जल आदि पञ्च महाभूतों से तो प्रत्यक्ष सम्बन्ध सभी अनुभव कर सकते हैं। सो ये सब देवता भगवान के अङ्ग हैं, अङ्गों के द्वारा ही अङ्गी की पूजा होती है, इसलिए हम देवता रूप विभिन्न अङ्गों द्वारा एकमात्र अङ्गी भगवान के ही पूजक हैं। जड़ पिण्डों के पूजक नहीं।

प्रभु अनन्त धन्यवाद के साथ इस अध्याय को हम यहीं समाप्त करते हैं। अस्तु!!!

सुकवि तुलसी की विदित भणन्त,
अमित हरिऔ, हरि कथा अनन्त।
सहैतुक कतिपय कहे 'सुकर्म्म'
यही अध्याय तुर्य्य का मर्म॥

❐❐❐

प्रातः स्मरणीय श्लोक

निम्नलिखित श्लोकों का प्रातः काल पाठ करने से बहुत कल्याण होता है, जैसे- 1. दिन अच्छा बीतता है। 2. दुःस्वप्न, कलिदोष, शत्रु, पाप और भवके भय का नाश होता है। 3. विष का भय नहीं होता। 4. धर्म की वृद्धि होती है, अज्ञानी को ज्ञान प्राप्त होता है। 5. रोग नहीं होता। 6. पूरी आयु मिलती है। 7. विजय प्राप्त होती है। 8. निर्धन धनी होता है। 9. भूख-प्यास और काम की बाधा नहीं होती तथा 10. सभी बाधाओं से छुटकारा मिलता है इत्यादि।

निष्कामकर्मियों को भी केवल भगवत्प्रीत्यर्थ इन श्लोकों का पाठ करना चाहिए-

गणेशस्मरणम्-

प्रातः स्मरामि गणनाथमनाथबन्धुं
सिन्दूरपूरपरिशोभितगण्डयुग्मम।
उद्दण्डविघ्नपरिखण्डनचण्डदण्ड-
माखण्डलादिसुरनायकवृन्दवन्द्यम्।।

'अनाथों के बन्धु, सिन्दूर से शोभायमान दोनों गण्डस्थल वाले, प्रबल विघ्न का नाश करने में समर्थ एवं इन्द्रादि देवों से नमस्कृत श्री गणेश का मैं प्रातःकाल स्मरण करता हूँ।'

विष्णुस्मरणम्-

प्रातःस्मरामि भवभीतिमहार्तिनाशं
नारायणं गरुडवाहनमब्जनाभम्।
ग्राहाभिभूतवरवारणमुक्तिहेतुं
चक्रायुधं तरुणवारिजपत्रनेत्रम्।।

'संसार के भयरूपी महान् दुःख को नष्ट करने वाले, ग्राह से गजराज को मुक्त करने वाले, चक्रधारी एवं नवीन कमलदल के समान नेत्रवाले, पद्मनाभ गरुडवाहन भगवान श्रीनारायण का मैं प्रातः काल स्मरण करता हूँ।'

शिवस्मरणम्-

प्रातः स्मरामि भवभीतिहरं सुरेशं
गङ्गाधरं वृषभवाहनमम्बिकेशम्।
खट्वाङ्गशूलवरदाभयहस्तमीशं
संसाररोगहरमौषधमद्वितीयम्।।

'संसार के भय को नष्ट करने वाले, देवेश, गङ्गाधर, वृषभवाहन, पार्वतीपति, हाथ में खट्वाङ्ग एवं त्रिशूल लिये और संसार रूपी रोग का नाश करने के लिए अद्वितीय औषध-स्वरूप, अभय एवं वरद् मुद्रायुक्त हस्तवाले भगवान् शिव का मैं प्रातःकाल स्मरण करता हूँ।'

ऋषिस्मरणम्-

प्रातःस्मरामि शरदिन्दुकरोज्ज्वलाभां
सद्रत्नवन्मकरकुण्डलहारभूषाम्।
दिव्यायुधोर्जितसुनीलसहस्रहस्तां
रक्तोत्पलाभचरणां भवतीं परेशाम्।।

'शरत् कालीन चन्द्रमा के समान उज्ज्वल आभा वाली, उत्तम रत्नों से जड़ित और कुण्डलों तथा हारों से सुशोभित, दिव्यायुधों से दीप्त सुन्दर नीले हजारों हाथों वाली, लाल कमल की आभा युक्त चरणों वाली भगवती दुर्गा देवी का मैं प्रातःकाल स्मरण करता हूँ।'

ऋषिस्मरणम्-

प्रातःस्मरामि खलु तत्सवितुर्वरेण्यं
रूपं हि मण्डल मृचोऽथ तनुर्यजुंषि।
सामानि यस्य किरणाः प्रभवादि हेतुं
ब्रह्माहरात्मकमलक्ष्यमचिन्त्यरूपम्।।

'सूर्य का वह प्रशस्त रूप जिसका मण्डल ऋग्वेद, कलेवर यजुर्वेद तथा किरणें सामवेद हैं। जो सृष्टि आदि के कारण हैं ब्रह्मा और शिव के स्वरूप हैं तथा जिनका रूप अर्विन्त्य और अलक्ष्य है, प्रातःकाल मैं उनका स्मरण करता हूँ।'

❑❑❑

त्रिदेवों के साथ नवग्रह स्मरणम्

ध्यानम्

ब्रह्मामुरारिस्त्रिपुरान्तकारी
भानुः शशी भूमिसुतो बुधश्च।
गुरुश्च शुक्रः शनि राहुकेतवः
कुर्वन्तु सर्वे मम सुप्रभातम्।।

(मार्क स्मृति पु. 32)

'ब्रह्मा, विष्णु, शिव, सूर्य, चन्द्रमा, मङ्गल, बुध, बृहस्पति, शुक्र, शनि, राहु और केतु-ये सभी मेरे प्रातःकाल को मङ्गलमय करें।'

ऋषिस्मरणम्-

भृगुर्वसिष्ठः क्रतुरङ्गिराश्च
मनुः पुलस्त्यः पुलहश्च गौतमः।
रैभ्यो मरीचिश्च्यवनश्च दक्षः
कुर्वन्तु सर्वे मम सुप्रभातम्।।

(वामनपु. 14 / 33)

'भृगु, वसिष्ठ, क्रतु, अङ्गिरा, मनु, पुलस्त्य, पुलः, गौतम, रैभ्य, मरीचि, च्यवन और दक्ष-ये सभी मेरे प्रातःकाल को मङ्गलमय करें।'

सनत्कुमारः सनकः सनन्दनः सनातनोऽप्यासुरिपिङ्गलौ च।
सप्त स्वराः सप्त रसातलानि कुर्वन्तु सर्वे मम सुप्रभातम्।।
सप्तार्णवाः सप्त कुलाचलाश्च सप्तर्षयोः द्वीपवनानि सप्त।
भूरादि कृत्वा भुवनानि सप्त कुर्वन्तु सर्वे मम सुप्रभातम्।।

(वामनपु. 14 / 24, 27)

'सनत्कुमार, सनत, सनन्दन, सनातन, आसुरि और पिङ्ग-ये सभी ऋषिगण, पड्ङ्ज, ऋषभ, गान्धार, मध्यम, पञ्चम, धैवत तथा निषाद-ये सप्त स्वर, अतल,

बितल, सुतल, तलातल, महातल, रसातल तथा पातल-ये भी अधोलोक सभी मेरे प्रातःकाल को मङ्गलमय करें। सातों समुद्र, सातों कुल पर्वत, सप्तऋषिगण, सातों वन तथा सातों द्वीप, भूर्लोक, भुवर्लोक आदि सातों लोक सभी मेरे प्रातःकाल को मङ्गलमय करें।

प्रशस्तिस्मरण-

पृथ्वी सगन्धा सरसास्तथापः
स्पर्शी च वायुर्ज्वलितं च तेजः।
नभः सशब्दं महता सहैव
कुर्वन्तु सर्वे मम सुप्रभातम्।

(वामनपु. 14/26)

'गन्धयुक्त पृथ्वी, रसयुक्त जल, स्पर्शयुक्त वायु, प्रज्वलित तेज, शब्द सहित आकाश एवं महत्तत्त्व-ये सभी मेरे प्रातःकाल को मङ्गलमय करें।'

❑❑❑

गणपति और गौरी की पूजा

(पूजा में जो वस्तु विद्यमान न हो उसके लिए '**मनसा परिकल्प्य समर्पयामि**' कहें। जैसे-आभूषण के लिए '**आभूषणं मनसा परिकल्प्य समर्पयामि**'।)

हाथ में अक्षत लेकर ध्यान करें-

भगवान् गणेश का ध्यान-

गजाननं भूतगणादिसेवितं कपित्थजम्बूफलचारुभक्षणम्।
उमासुतं शोक विनाशकारकं नमामि विघ्नेश्वरपादपङ्कजम्।।

भगवती गौरी का ध्यान-

नमो देव्यै महादेव्यै शिवायै सततं नमः।
नमः प्रकृत्यै भद्रायै नियताः प्रणताः स्म ताम्।।
श्रीगणेशाम्बिकाभ्यां नमः, ध्यानं समर्पयामि।

भगवान् गणेश का आवाहन-

ॐ गणानां त्वा गणपति ँ हवामहे प्रियाणां त्वां प्रियपति ँ हवामहे निधीनां
त्वां निधिपति ँ हवामहे वसो मम। आहमजानि गर्भधमा त्वमजासि गर्भधम्।।

(यजु. 23/19)

एह्येहि हेरम्ब महेशपुत्र समस्तविघ्नौघविनाशदक्ष।
माङ्गल्यपूजाप्रथमप्रधान गृहाण पूजां भगवन् नमस्ते।।
ॐ भूर्भुवः स्वः सिद्धिबुद्धिसहिताय गणपतये नमः, गणपतिमावाहयामि, स्थापयामि, पूजयामि च।

हाथ के अक्षत गणेश जी पर चढ़ा दें। फिर अक्षत लेकर गणेश की दाहिनी ओर गौरी जी का आवाहन करें।

भगवती गौरी का आवाहन-

ॐ अम्बे अम्बिकेऽम्बालिके न मा नयति कश्चन।
ससस्त्यश्वकः सुभद्रिकां काम्पीलवासिनीम्।।

(यजु. 23/18)

हेमाद्रितनयां देवीं वरदां शङ्करप्रियाम्।
लम्बोदरस्य जननीं गौरीमावाहयाम्यहम्।।
ॐ भूर्भुवः स्वः गौर्ये नमः, गौरीमावाहयामि, स्थापयामि, पूजयामि च।

प्रतिष्ठा– **ॐ मनो जूतिर्जुषतामाज्यस्य बृहस्पतिर्यज्ञमिमं तनोत्वरिष्टं**
यज्ञ ँ समिमं दधातु।
विश्वे देवास इह मादयन्तामो३म्प्रतिष्ठः।।

(यजु. 2/13)

अस्यै प्राणाः प्रतिष्ठन्तु अस्यै प्राणाः क्षरन्तु च।
अस्यै देवत्वमर्चायै मामहेति च कश्चन।।
गणेशाम्बिके ! सुप्रतिष्ठिते वरदे भवेताम्।
प्रतिष्ठापूर्वकम् आसनार्थे अक्षतान् समर्पयामि गणेशाम्बिकाभ्यां नमः।
(आसन के लिए अक्षत समर्पित करें।)

पाद्य, अर्घ्य, आचमनीय, स्नानीय, पुनराचमनीय–
देवस्य त्वा सवितुः प्रसवेऽश्विनोर्बाहुभ्यां पूष्णो हस्ताभ्याम्।।

(यजु. 1/10)

एतानि पाद्यार्घ्याचमनीयस्नानीयपुनराचमनीयानि समर्पयामि गणेशाम्बिकाभ्यां नमः।
(इतना कह कर जल चढ़ा दें)।

पयस्नान– **ॐ पयः पृथिव्यां पयः औषधीषु पयो दिव्यन्तरिक्षे पयो धाः।**
पयस्वतीः प्रदिशः सन्तु मह्यम्।।

(यजु. 18/36)

कामधेनुसमुद्भूतं सर्वेषां जीवनं परम्।
पावनं यज्ञहेतुश्च पयः स्नानार्थमर्पितम्।।

ॐ भूर्भुवः स्वः गणेशाम्बिकाभ्यां नमः, पयःस्नानं समर्पयामि।
(दूध से स्नान करायें)।

दधिस्नान – **ॐ दधिक्राव्णो अकारिषं जिष्णोरश्वस्य वाजिनः।**
सुरभि नो मुखा करत्प्रण आयू ँ षि तारिषत्।।
पयसस्तु समुद्भूतं मधुराम्लं शशिप्रभम्।
दध्यानीतं मया देव स्नानार्थं प्रतिगृह्यताम्।।

ॐ भूर्भुवः स्वः गणेशाम्बिकाभ्यां नमः, दधिस्नानं समर्पयामि।
(दधि से स्नान करायें)।

घृतस्नान - **ॐ घृतं मिमिक्षे घृतमस्य योनिर्घृते श्रितो घृतम्वस्य धाम।**
अनुश्वधमा वह मादयस्व स्वाहाकृतं वृषभ वक्षि हव्यम्॥
(यजु. 17/88)

नवनीतसमुत्पन्नं सर्वसंतोषकारकम्।
घृतं तुभ्यं प्रदास्यामि स्नानार्थं प्रतिगृह्यताम्॥

ॐ भूर्भुवः स्वः गणेशाम्बिकाभ्यां नमः, घृतस्नानं समर्पयामि।
(घृत से स्नान करायें)।

मधुस्नान - **ॐ मधु वाता ऋतायते मधु क्षरन्ति सिन्धवः।**
माध्वीर्नः सन्त्वोषधीः।
मधु नक्तमुतोषसो मधुमत्पार्थिव ँ रजः। मधु द्यौरस्तु नः पिता॥
(यजु. 13/27-28)

पुष्परेणुसमुद्भूतं सुस्वादु मधुरं मधु।
तेजः पुष्टिकरं दिव्यं स्नानार्थं प्रतिगृह्यताम्॥

ॐ भूर्भुवः स्वः गणेशाम्बिकाभ्यां नमः, मधुस्नानं समर्पयामि।
(मधु से स्नान करायें)।

शर्करास्नान - **ॐ अपा ँ रसमुद्वयस ँ सूर्ये सन्त ँ समाहितम्।**
अपा ँ रसस्य यो रसस्तं
वो गृह्णाम्युत्तममुपयामगृहीतोऽसीन्द्राय त्वा जुष्टं गृह्णाम्येष
ते योनिरिन्द्राय त्वा जुष्टतम्॥
(यजु. 9/3)

इक्षुरससमुद्भूतं शर्करां पुष्टिदां शुभम्।
मलापहारिकां दिव्यां स्नानार्थं प्रतिगृह्यताम्॥

ॐ भूर्भुवः स्वः गणेशाम्बिकाभ्यां नमः, शर्करास्नानं समर्पयामि।
(शर्करा से स्नान करायें)।

पञ्चामृतस्नान - **ॐ पञ्च नद्यः सरस्वतीमपि यन्ति सस्रोतसः।**
सरस्वती तु पञ्चधा सो देशेऽभवत्सरित्॥
(यजु. 34/11)

पञ्चामृतं मयानीतं पयो दधि घृतं मधु।
शर्करया समायुक्तं स्नानार्थं प्रतिगृह्यताम्॥

ॐ भूर्भुवः स्वः गणेशाम्बिकाभ्यां नमः, पञ्चामृतस्नानं समर्पयामि।
(पञ्चामृत से स्नान करायें)।

गन्धोदकस्नान - **ॐ अ ꣳ शुना ते अ ꣳ शुः पृच्यतां परुषां परु।**
गन्धस्ते सोममवतु मदाय रसो अच्युतः॥

(यजु. 20/27)

मलयाचलसम्भूतचन्दनेन विनिःसृतम्।
इदं गन्धोदकस्नानं कुङ्कुमाक्तं च गृह्यताम्॥

ॐ भूर्भुवः स्वः गणेशाम्बिकाभ्यां नमः, गन्धोदकस्नानं समर्पयामि।

(गन्धोदक से स्नान करायें)।

शुद्धोदकस्नान - **ॐ शुद्धवालः सर्वशुद्धवालो मणिवालस्त आश्विनाः।**
श्येतः श्येताक्षोऽरुणस्ते रुद्राय पशुपतये कर्णा
यामा अवलिप्ता रौद्रा नभोरूपाः पार्जन्याः॥

(यजु. 24/3)

गङ्गे च यमुने चैव गोदावरि सरस्वति।
नर्मदे सिन्धुकावेरि स्नानार्थं प्रतिगृह्यताम्॥

ॐ भूर्भुवः स्वः गणेशाम्बिकाभ्यां नमः, शुद्धोदकस्नानं समर्पयामि।

(शुद्ध जल से स्नान करायें)।

आचमन - **शुद्धोदकस्नानान्ते आचमनीयं जलं समर्पयामि।**

(आचमन के लिए जल दें)।

वस्त्र - **ॐ युवा सुवासाः परिवीत आगात् स उ श्रेयान्**
भवति जायमानः।
तं धीरासः कवय उन्नयन्ति स्वाध्यो३ मनसा देवयन्तः॥

(ऋग्. 3/8/4)

शीतवातोष्णसंत्राणं लज्जाया रक्षणं परम्।
देहालङ्करणं वस्त्रमतः शान्तिं प्रयच्छ मे॥

ॐ भूर्भुवः स्वः गणेशाम्बिकाभ्यां नमः, वस्त्रं समर्पयामि।

(वस्त्र समर्पित करें)।

आचमन - **वस्त्रान्ते आचमनीयं जलं समर्पयामि।**

(आचमन के लिए जल दें)।

उपवस्त्र - **ॐ सुजातो ज्योतिषा सह शर्म वरूथमाऽसदत्स्वः।**
वासो अग्ने विश्वरूप ꣳ सं व्ययस्व विभावसो॥

(यजु. 11/40)

यस्याभावेन शास्त्रोक्तं कर्म किञ्चिन्न सिध्यति।
उपवस्त्रं प्रयच्छामि सर्वकर्मोपकारकम्॥

ॐ भूर्भुवः स्वः गणेशाम्बिकाभ्यां नमः, उपवस्त्रं (उपवस्त्राभावे रक्तसूत्रम् समर्पयामि)

(उपवस्त्र समर्पित करें)।

आचमन - **उपवस्त्रान्ते आचमनीयं जल समर्पयामि।**

(आचमन के लिए जल दें)।

यज्ञोपवीत - **ॐ यज्ञोपवीतं परमं पवित्रं प्रजापतेर्यत्सहजं पुरस्तात्।**
आयुष्यमग्रं प्रतिमुञ्च शुभ्रं यज्ञोपवीतं बलमस्तु तेजः।।
यज्ञोपवीतमसि यज्ञस्य त्वा यज्ञोपवीतेनोपनह्यामि।।
नवभिस्तन्तुभिर्युक्तं त्रिगुणं देवतामयम्।
उपवीतं मया दत्तं गृहाण परमेश्वरः।।
भूर्भुवः स्वः गणेशाम्बिकाभ्यां नमः, यज्ञोपवीतं समर्पयामि।

(यज्ञोपवीत समर्पित करें)।

आचमन - **यज्ञोपवीतान्ते आचमनीयं जलं समर्पयामि।**

(आचमन के लिए जल दें)।

चन्दन - **ॐ त्वां गन्धर्वा अखनँस्त्वामिन्द्रस्त्वां बृहस्पतिः।**
त्वामोषधे सोमो राजा विद्वान् यक्ष्मादमुच्यत।।

(यजु. 12/98)

श्रीखण्डं चन्दनं दिव्यं गन्धाढ्यं सुमनोहरम्।
विलेपनं सुरश्रेष्ठ! चन्दनं प्रतिगृह्यताम्।।

ॐ भूर्भुवः स्वः गणेशाम्बिकाभ्यां नमः, चन्दानानुलेपनं समर्पयामि।

(चन्दन अर्पित करें)।

अक्षत - **ॐ अक्षन्नमीमदन्त ह्यव प्रिया अधूषत।**
अस्तोषत स्वभानवो विप्रा नविष्ठया मती योजान्विन्द्र ते हरी।।

(यजु. 3/51)

अक्षताश्च सुरश्रेष्ठ कुङ्कुमाक्ताः सुशोभितः।
मया निवेदिता भक्त्या गृहाण परमेश्वरः।।

ॐ भूर्भुवः स्वः गणेशाम्बिकाभ्यां नमः, अक्षतान् समर्पयामि।

(अक्षत चढ़ाइये)।

पुष्पमाला - **ॐ औषधीः प्रति मोदध्वं पुष्पवतीः प्रसूवरीः।**
अश्वा इव सजित्वरीर्वीरुधः पारयिष्णवः।।

(यजु. 12/77)

माल्यादीनि सुगन्धिनी मालत्यादीनि वै प्रभो।
मया हृतानि पुष्पाणि पूजार्थं प्रतिगृह्यताम्॥

ॐ भूर्भुवः स्वः गणेशाम्बिकाभ्यां नमः, पुष्पमालां समर्पयामि।

(पुष्पमाला समर्पित करें)।

दूर्वा - **ॐ काण्डात्काण्डात्प्ररोहन्ती परुषः परुषपरिः।**
एवा नो दूर्वे प्र तनु सहस्रेण शतेन च॥

(यजु. 13/20)

दूर्वाकुङ्कुरान् सुहरितानमृतान् मङ्गलप्रदान्।
आनीतांस्तव पूजार्थं गृहाण गणनायक॥

ॐ भूर्भुवः स्वः गणेशाम्बिकाभ्यां नमः, दूर्वाङ्कुरान् समर्पयामि।

(दूर्वाङ्कुर चढ़ायें)।

सिन्दूर - **ॐ सिन्धोरिव प्राध्वने शूघनासो वातप्रमियः पतयन्ति यह्वाः।**
घृतस्य धारा अरुषो न वाजी काष्ठा भिन्दन्नूर्मिभिः पिन्वमानः॥

(यजु. 17/15)

सिन्दूरं शोभनं रक्तं सौभाग्यं सुखवर्धनम्।
शुभदं कामदं चैव सिन्दूरं प्रतिगृह्यताम्॥

ॐ भूर्भुवः स्वः गणेशाम्बिकाभ्यां नमः, सिन्दूर समर्पयामि।

(सिन्दूर अर्पित करें)।

अबीर - गुलाल आदि नाना परिमल द्रव्य- ॐ अहिरिव भोगैः पर्येति बाहुं ज्याया हेति।

परिबाधमानः। हस्तघ्नो विश्वा वयुनानि विद्वान् पुमान् पुमा ँ सं परि पातु विश्वतः॥

अबीरं च गुलालं च हरिद्रादिसमन्वितम्।
नाना परिमलं द्रव्यं च गृहाण परमेश्वरः॥

ॐ भूर्भुवः स्वः गणेशाम्बिकाभ्यां नमः, नानापरिमलद्रव्याणि समर्पयामि।

(अबीर गुलाल अर्पित करें)।

सुगन्धिद्रव्य - **ॐ अहिरिव ....विश्वतः॥**

दिव्यगन्धसमायुक्तं महापरिमलाद्भुतम्।
गन्धद्रव्यमिदं भक्त्या दत्तं वै परिगृह्यताम्॥

ॐ भूर्भुवः स्वः गणेशाम्बिकाभ्यां नमः, सुगन्धिद्रव्यं समर्पयामि।

(सुगन्धित द्रव्य अर्पण करें)।

धूप - **ॐ धूरसि धूर्व धूर्वन्तं धूर्व तं योऽस्मान् धूर्वति तं धूर्व यं वयं धूर्वामः।**

देवानामसि वह्नितम ॐ सस्नितमं पप्रितमं जुष्टतमं देवहूतम्॥

(यजु. 1/8)

वनस्पतिरसोद्भूतो गन्धाढ्यो गन्ध उत्तमः।
आघ्रेयः सर्वदेवानां धूपोऽयं प्रतिगृह्यताम्॥
ॐ भूर्भुवः स्वः गणेशाम्बिकाभ्यां नमः, धूपमाघ्रापयामि।
(धूप दिखायें)।

दीप - **ॐ अग्निर्ज्योतिर्ज्योतिरग्निः स्वाहा सूर्यो ज्योतिर्ज्योतिः सूर्यः स्वाहा।**
अग्निर्वर्चो ज्योतिर्वर्चः स्वाहा सूर्यो वर्चो ज्योतिर्वर्चः स्वाहा॥

(यजु 3/9)

साज्यं च वर्तिसंयुक्तं वह्निना योजितं मया।
दीपं गृहाण देवेश त्रैलोक्यतिमिरापहम्॥
भक्त्या दीपं प्रयच्छामि देवाय परमात्मने।
त्राहि मां निरयाद् घोराद् दीपज्योतिर्नमोऽस्तु ते॥

ॐ भूर्भुवः स्वः गणेशाम्बिकाभ्यां नमः, दीपं दर्शयामि।
(दीप दिखायें)।

हस्तप्रक्षालन - 'ॐ हृषीकेशाय नमः' कहकर हाथ धो लें।

नैवेद्य - नैवेद्य को प्रोक्षित कर गन्ध-पुष्प आच्छादित करें। तदनन्तर जल से चतुष्कोण घेरा लगा कर भगवान के आगे रखें।

ॐ नाभ्या आसीदन्तरिक्ष् ॐ शीर्ष्णो द्यौः समवर्तत।
पद्भ्यां भूमिर्दिशः श्रोतात्तथा लोकाँ२ अकल्पयन्॥

(यजु. 31/13)

ॐ अमृतोपस्तरणमसि स्वाहा।

ॐ प्राणाम स्वाहा। ॐ अपानाय स्वाहा। ॐ समानाय स्वाहा। ॐ उदानाय स्वाहा। ॐ व्यानाय स्वाहा। ॐ अमृतापिधानमसि स्वाहा।

शर्कराखण्डखाद्यानि दधिक्षीरघृतानि च।
आहारं भक्ष्यभोज्यं च नैवेद्यं प्रतिगृह्यताम्॥

ॐ भूर्भुवः स्वः गणेशाम्बिकाभ्यां नमः, नैवेद्य निवेदयामि।
(नैवेद्य निवेदित करें)।

नैवेद्यान्ते आचमनीयं जलं समर्पयामि।
(जल समर्पित करें)।

ऋतुफल - **ॐ याः फलिनीर्या अफला अपुष्पा याश्च पुष्पिणीः।**
बृहस्पतिप्रसूतास्ता नो मुञ्चन्त्व ँ हसः॥

(यजु. 12/89)

इदं फलं मया देव स्थापितं पुरतस्तव।
तेन मे सफलावाप्तिर्भवेज्जन्मनि जन्मनि॥

ॐ भूर्भुवः स्वः गणेशाम्बिकाभ्यं नमः, ऋतुफलानि समर्पयामि।

(ऋतुफल अर्पित करें)।

फलान्ते आचमनीयं जलं समर्पयामि।

(आचमनीय जल समर्पित करें)।

उत्तरापोऽशन - **उत्तरापोऽशनार्थे जलं समर्पयामि। गणेशाम्बिकाभ्यां नमः।**

(जल दें)।

करोद्वर्तन - **ॐ अ ँ शुना ते अ ँ शुः पृच्छतां परुषां परुः।**
गन्धस्ते सोममवतु मदाय रसो अच्युतः॥

(यजु. 20/27)

चन्दनं मलयोद्भूतं कस्तूर्यादिसमन्वितम्।
करोद्वर्तनकं देव गृहाण परमेश्वरः॥

ॐ भूर्भुवः स्वः गणेशाम्बिकाभ्यां नमः, करोद्वर्तनकं चन्दनं समर्पयामि।

(मलयचन्दन समर्पित करें)।

ताम्बूल - **ॐ यत्पुरुषेण हविषा देवा यज्ञमतन्वत।**
वसन्तोऽस्यासीदाज्यं ग्रीष्म इध्मः शरद्धविः॥

(यजु. 31/14)

पूंगीफलं महद्दिव्यं नागवल्लीदलैर्युतम्।
एलादिचूर्णसंयुक्तं ताम्बूलं प्रतिगृह्यताम्॥

ॐ भूर्भुवः स्वः गणेशाम्बिकाभ्यां नमः, मुखवासार्थम् एलालवंगपूगीफलसहितं ताम्बूलं समर्पयामि।

(इलायची, लौंग-सुपारी के साथ ताम्बूल अर्पित करें)।

दक्षिणा - **ॐ हिरण्यगर्भः समवर्तताग्रे भूतस्य जातः पतिरेक आसीत्।**
स दाधार पृथिवीं द्यातुतेमां कस्मै देवाय हविषा विधेम॥

(यजु. 13/4)

हिरण्यगर्भगर्भस्थं हेमबीजं विभावसोः।
अनन्तपुण्यफलदमतः शान्तिं प्रयच्छ मे॥

ॐ भूर्भुवः स्वः गणेशाम्बिकाभ्यां नमः, कृतायाः पूजायाः साद्गुण्यार्थे द्रव्यदक्षिणां समर्पयामि।

(द्रव्य दक्षिणा समर्पित करें)।

आरती - **ॐ इद ँ हविः प्रजननं मे अस्तु दशवीर ँ सर्वगण ँ स्वस्तये।**

आत्मसनि प्रजासनि पशुसनि लोकसन्यभयसनि।
अग्निः प्रजां बहुलां मे करोत्वन्नं पयो रेतो अस्मासु धत्त॥

(यजु. 11/48)

ॐ आ रात्रि पार्थिव ँ रजः पितुरप्रायि धामभिः।
दिवः सदा ँ सि बृहती वि तिष्ठस आ त्वेषं वर्तते तमः॥
कदलीगर्भसम्भूतं कर्पूरं त प्रदीपितम्।
आरार्तिकमहं कुर्वे पश्य मे वरदो भव॥
ॐ भूर्भुवः स्वः गणेशाम्बिकाभ्यां नमः, आरार्तिकं समर्पयामि।

(कर्पूर की आरती करें, आरती के बाद जल गिरा दें)।

पुष्पाञ्जलि - **ॐ यज्ञेन यज्ञमयजन्त देवास्तानि धर्माणि प्रथमान्यासन्। ते ह नाकं महिमानः सचन्त यत्र पूर्वे साध्याः सन्ति देवाः॥**

(यजु. 31/16)

ॐ गणानां त्वा...........।
ॐ अम्बे अम्बिके अम्बालिके...........।
नानासुगन्धिपुष्पाणि यथाकालोदृभवानि च।
पुष्पाञ्जलिर्मया दत्तो गृहाण परमेश्वरः॥
भूर्भुवः स्वः गणेशाम्बिकाभ्यां नमः पुष्पाञ्जलि समर्पयामि।

(पुष्पाञ्जलि अर्पित करें)।

प्रदक्षिणा - **ॐ ये तीर्थानि प्रचरन्ति सृकाहस्ता निषङ्गिणः।**
तेषा ँ सहस्रयोजनेऽव धन्वानि तन्मसि॥

(यजु. 13/61)

यानि कानि च पापानि जन्मान्तरकृतानि च।
तानि सर्वाणि विनश्यन्तु प्रदक्षिणा पदे पदे॥
ॐ भूर्भुवः स्वः गणेशाम्बिकाभ्यां नमः, प्रदक्षिणां समर्पयामि।

(प्रदक्षिणा करें)।

विशेषार्घ्य - ताम्रपत्र में जल, चन्दन, अक्षत, फल, फूल, दूर्वा और दक्षिणा रखकर अर्घ्यपात्र को हाथ में लेकर निम्नलिखित मन्त्र पढ़ें-

रक्ष रक्ष गणाध्यक्ष रक्ष त्रैलोक्यरक्षक।
भक्तानामभयं कर्ता त्राता भव भवार्णवात्॥
द्वैमातुर कृपासिन्धो षाण्मातुराग्रज प्रभो।
वरदस्त्वं वरं देहि वाञ्छितं वाञ्छितार्थद॥
अनने सफलार्घ्येण वरदोस्तु सदा मम।
ॐ भूर्भुवः स्वः गणेशाम्बिकाभ्यां नमः, विशेषार्घ्यं समर्पयामि।
(विशेषार्घ्य दें)।

प्रार्थना –

विघ्नेश्वराय वरदाय सुरप्रियाय
लम्बोदराय सकलाय जगद्धिताय।
नागाननाय श्रुतियज्ञविभूषिताय
गौरीसुताय गणनाथ नमो नमस्ते॥
भक्तार्तिनाशनपराय गणेश्वराय
सर्वेश्वराय शुभदाय सुरेश्वराय।
विद्याधराय विकटाय च वामनाय
भक्तप्रसन्नवरदाय नमो नमस्ते॥
नमस्ते ब्रह्मरूपाय विष्णुरूपाय ते नमः।
नमस्ते रुद्ररूपाय करिरूपाय ते नमः।
विश्वरूपस्वरूपाय नमस्ते ब्रह्मचारिणे
भक्तप्रियाय देवाय नमस्तुभ्यं विनायक॥
त्वां विघ्नशत्रुदलनेति च सुन्दरेति
भक्तप्रियेति सुखदेति फलप्रदेति।

---

1. जौ, धान, तिल, कँगनी, मूँग, चना, साँवा–ये सप्तधान्य कहते हैं–
यवधान्यतिलाः कंगुः मुद्रचणकश्यामकाः।
एतानि सप्तधान्यानि सर्वकार्येषु योजयेत्॥

2. नवरात्र आदि में स्थापित कलश को कई दिनों तक सुरक्षित रखना पड़ता है, ऐसे अवसरों पर शुद्ध मिट्टी बिछा दी जाती है और उस पर जौ बो दिया जाता है। नवरात्र में उस उगे हुए जौ को देवताओं पर चढ़ाया जाता है। ब्राह्मण लोगों में उसे आशीर्वाद के रूप में बाँटा जाता है।

3. अचल प्रतिमा का विसर्जन नहीं किया जाता, किंतु आवाहित एवं प्रतिष्ठित देव प्रतिमाओं का विसर्जन करना चाहिए।

विद्याप्रदेत्यघहरेति च ये स्तुवन्ति।
तेभ्यो गणेश वरदो भव नित्यमेव॥
त्वं वैष्णवी शक्तिरनन्तवीर्या
विश्वस्य बीजं परमासि माया।
सम्मोहितं देवि समस्तमेतत्
त्वं वै प्रसन्ना भुवि मुक्तिहेतुः॥

ॐ भूर्भुवः स्वः गणेशाम्बिकाभ्यां नमः, प्रार्थनापूर्वकं नमस्कारान् समर्पयामि।

(साष्टाङ्ग नमस्कार करें)।

गणेशपूजने कर्म सयनन्यूनमधिकं कृतम्।
तेन सर्वेण सर्वात्मा प्रसन्नोऽस्तु सदा मम॥
अनया पूजया गणेशाम्बिके प्रीयताम् न मम।

(ऐसा कहकर समस्त पूजनकर्म भगवान् को समर्पित कर दे) तथा पुनः नमस्कार करें।

❑❑❑

कलश स्थापन

कलश में रोली से स्वस्तिक का चिह्न बनाकर गले में तीन धागावाली मौली लपेटें और कलश को एक ओर रख लें। कलश स्थापित किए जाने वाली भूमि अथवा पाटेपर कुङ्कुम या रोली से अष्टदलकमल बनाकर निम्न मन्त्र से भूमिका स्पर्श करें-

भूमिका स्पर्श - **ॐ भूरसि भूमिरस्यदितिरसि विश्वधाया विश्वस्य भुवनस्य धर्त्री।**

पृथिवीं यच्छ पृथिवीं दृꣳह पृथिवीं मा हि ꣳ सीः॥

निम्नलिखित मन्त्र पढ़कर पूजित भूमि पर सप्तधान्य[1] अथवा गेहूँ, चावल या जौ[2] रख दें-

धान्यप्रक्षेप - **ॐ धान्यमसि धिनुहि देवान् प्राणाय त्वा दानाय त्वा व्यानाय त्वा।**

दीर्घामनु प्रसितिमायुषे धां देवो वः सविता हिरण्यपाणिः प्रति

गृभ्णात्वच्छिद्रेण पाणिना चक्षुषे त्वा महीनां पयोऽसि॥

इस धान्य पर निम्नलिखित मन्त्र को पढ़कर कलश की स्थापना करें-

कलश स्थापन - **ॐ आ जिघ्र कलशं मह्या त्वा विशन्त्विन्दवः।**

पुनरूर्जा नि वर्तस्व सा नः सहस्रं धुक्ष्वोरुधारा पयस्वती पुनर्मा विशताद्रयिः॥

---

1. मुरा माँसी वचा कुष्ठं शैलेयं रजनीद्वयम्।
सठी चम्पकमुस्तां च सर्वौषधिगणः स्मृतः॥ *(अग्निपु. 177/17)*
मुरा, जटामाँसी, वच, कुष्ठ, शिलाजीत, हल्दी और दारुहल्दी, सठी, चम्पक मुस्ता-ये सर्वोषधी कहलाती है।

2. न्यग्रोधोटुम्बरोऽश्वत्थः चूतप्लक्षस्तथैव च।
बरगद, गूलर, पीपल, आम, पाकड-ये पञ्चपल्लव हैं।

3. अश्वस्थानादूजस्थानाद्वल्मीकात्सङ्गमाद्ध्रदात्।
राजद्वाराच्च गोष्ठाच्च मृदमानीय निक्षिपेत्॥

कलश में जल - **ॐ वरुणास्योत्तम्भनमसि वरुणस्य स्तम्भसर्जनी स्थो वरुणस्य**
ऋतसदन्यसि वरुणस्य ऋतसदनमसि वरुणस्य ऋतसदनमा सीद॥

(इस मंत्र से जल छोड़ें)।

कलश में चन्दन - **ॐ त्वां गन्धर्वा अखनँस्त्वामिन्द्रस्त्वां बृहस्पतिः।**
त्वामोषधे सोमो राजा विद्वान् यक्ष्मादमुच्यत॥

(चन्दन छोड़ें)।

कलश में सर्वौषधि[1] - **ॐ या ओषधीः पूर्वा जाता देवेभ्यस्त्रियुगं पुरा।**
मनै नु बभ्रुणामहँ शतं धामानि सप्त च॥

(सर्वौषधि छोड़ दें)।

कलश में दूब - **ॐ काण्डात्काण्डात्प्ररोहन्ती परुषः परुष स्परिः।**
एवा नो दूर्वे प्र तनु सहस्रेण शतेन च॥

(दूब छोड़ें)।

कलश पर पञ्चपल्लव[2] - **ॐ अश्वत्थे वो निषदनं पर्णे वो वसतिष्कृता।**
गोभाज इत्किलासथ यत्सनवथ पुरुषम्॥

(पञ्चपल्लव रख दें)।

कलश में पवित्री - **ॐ पवित्रे स्थो वैष्णव्यौ सवितुर्वः प्रसव उत्पुनाम्यच्छिद्रेण पवित्रेण**
सूर्यस्य रश्मिभिः। तस्य ते पवित्रपते पवित्रपूतस्य यत्कामः पूने तच्छकेयम्॥

(कुश छोड़ दें)।

कलश में सप्तमृत्तिका[3] - **ॐ स्योना पृथिवी नो भवानृक्षरा निवेशनी।**
यच्छा नः शर्म सप्रथाः॥ (सप्तमृत्तिका छोड़ें)

कलश में सुपारी - **ॐ याः फलिनीर्या अफला अपुष्पा याश्च पुष्पिणीः।**
बृहस्पतिप्रसूतास्ता नो मुञ्चन्त्व ँ हसः॥ (सुपारी छोड़ें)

कलश में पञ्चरत्न - **ॐ परि वाजपतिः कविरग्निर्हव्यान्यक्रमीत्।**
दधद्रत्नानि दाशुषे। (पञ्चरत्न छोड़ें)।

कलश में द्रव्य - **ॐ हिरण्यगर्भः समवर्तताग्रे भूतस्य जातः पतिरेक आसीत्।**

---

1. कनकं कुलिशं मुक्ता पद्मरागं च नीलकम्। एतानि पञ्चरत्नानि सर्वकार्येषु योजयेत्॥
2. सोना, मोती, हीरा,पद्मराग और नीलम-ये पञ्चरत्न कहे जाते हैं।

स दाधार पृथिवीं द्यातुतेमां कस्मै देवाय हविषा विधेम।। (द्रव्य छोड़ें)।

निम्नलिखित मन्त्र को पढ़कर कलश में वस्त्र अलंकृत करें-

कलश पर वस्त्र - **ॐ सुजातो ज्यातिषा सह शर्म वरूथमाऽसदत्वः।**

वासो अग्ने विश्वरूप ँ स व्ययस्व विभावसो।।

कलश पर पूर्णपात्र - **ॐ पूर्णा दर्वि परा पत सुपूर्णा पुनरा पत।**

वस्नेव विक्रीणावहा इषमूर्ज ँ शतक्रतो।।

चावल से भरे पूर्ण पात्र को कलश पर स्थापित करें और उस पर लाल कपड़ा लपेटे हुए नारियल को निम्न मंत्र पढ़कर रखें-

कलश पर नारियल - **ॐ याः फलिनीर्या अफला अपुष्पा याश्च पुष्पिणीः।**

बृहस्पतिप्रसूतास्ता नो मुञ्चन्त्व ँ हसः।।

अब कलश में देवी-देवताओं का आवाहन करना चाहिए। सबसे पहले हाथ में अक्षत और पुष्प लेकर निम्नलिखित मन्त्र से वरुण का आवाहन करें-

कलश में वरुण का ध्यान और आवाहन-

ॐ तत्त्वा यामि ब्रह्मणा वन्दमानस्तदा शास्ते यज्ञमानो हविर्भिः।

अहेडमाना वरुणेह बोध्युरुश ँ स मा न आयुः प्र मोषीः।।

अस्मिन् कलशे वरुणं साङ्गं सपरिवारं सायुधं सशक्तिकमावाहयामि।

ॐ भूर्भुवः स्वः भो वरुण! इहागच्छ, इह तिष्ठ, स्थापयामि, पूजयामि, मम पूजां गृहाण।

'ॐ अपां पतये वरुणाय नमः' कहकर अक्षत-पुष्प कलश पर छोड़ दें।

फिर हाथ में अक्षत पुष्प लेकर चारों वेद एवं अन्य देवी-देवताओं का आवाहन करें-

कलश में देवी-देवताओं का आवाहन-

कलशस्य मुखे विष्णुः कण्ठे रुद्रः समाश्रितः।
मूले तस्य स्थितो ब्रह्मा मध्ये मातृगणाः स्मृताः।।
कुक्षौ तु सागराः सर्वे सप्तद्वीपा वसुन्धरा।
ऋग्वेदो यजुर्वेदः सामवेदोऽथर्वणः।।
अङ्गैश्च सहिताः सर्वे कलशं तु समाश्रिताः।
अत्र गायत्री सावित्री शान्तिः पुष्टिकरी तथा।।
आयान्तु देवपूजार्थं दुनितक्षयकारकाः।
गङ्गे च यमुने चैव गोदावरि सरस्वति।
नर्मदे सिन्धुकावेरि जलेऽस्मिन् सन्निधिं कुरु।।

सर्वे समुद्राः सरितस्तीर्थानि जलदा नदाः॥
आयान्तु मम शान्त्यर्थं दुरितक्षयकारकाः॥

इस तरह जलाधिपति वरुणदेव तथा वेदों, नदियों, सागरों, देवियों एवं देवताओं के आवाहन के बाद हाथ में अक्षत-पुष्प लेकर निम्नलिखित मन्त्र से कलश की प्रतिष्ठा करें-

प्रतिष्ठा - **ॐ मनो जूतिर्जुषतामाजस्य बृहस्पतिर्यज्ञमिमं तनोत्वरिष्टं यज्ञ ँ समिमं दधातु।**
विश्वे देवा स इह मादयन्तामो३ म्प्रतिष्ठ॥
कलशे वरुणाद्यावाहितदेवताः सुप्रतिष्ठता वरदा भवन्तु।
ॐ वरुणाद्यावाहितदेवताभ्यो नमः।

-यह कहकर अक्षत-पुष्प कलश के पास छोड़ दें।

ध्यान - ॐ वरुणाद्यावाहितदेवताभ्यो नमः, ध्यानार्थे पुष्पं समर्पयामि।
(पुष्प समर्पित करें)।

आसन - **ॐ वरुणाद्यावाहितदेवताभ्यो नमः, आसनार्थे अक्षतान् समर्पयामि।**
(अक्षत रखें)।

पाद्य - **ॐ वरुणाद्यावाहितदेवताभ्यो नमः, हस्तयोरर्घ्यं समर्पयामि।**
(जल चढ़ायें)।

स्नानीय जल - **ॐ वरुणाद्यावाहितदेवताभ्यो नमः, स्नानीयं जलं समर्पयामि।**
(स्नानीय जल चढ़ायें)।

स्नानाङ्ग आचमन - **ॐ वरुणाद्यावाहितदेवताभ्यो नमः, स्नानान्ते आचमनीयं जलं समर्पयामि।**
(आचमनीय जल चढ़ायें)।

पञ्चामृतस्नान - **ॐ वरुणाद्यावाहितदेवताभ्यो नमः, पञ्चामृतस्नानं समर्पयामि।**
(पञ्चामृत से स्नान करायें)।

गन्धोदकस्नान - **ॐ वरुणाद्यावाहितदेवताभ्यो नमः, गन्धोदकस्नानं समर्पयामि।**
(जल में मलय चन्दन मिलाकर स्नान करायें)।

शुद्धोदकस्नान - **ॐ वरुणाद्यावाहितदेवताभ्यो नमः, स्नानान्ते शुद्धोदकस्नानं समर्पयामि।**
(शुद्ध जल से स्नान करायें)।

आचमन - **ॐ वरुणाद्यावाहितदेवताभ्यो नमः, शुद्धोदकस्नानान्ते आचमनीयं जलं समर्पयामि।**

(आचमन के लिए जल चढ़ायें)।

वस्त्र - **ॐ वरुणाद्यावाहितदेवताभ्यो नमः, वस्त्रं समर्पयामि।**

(वस्त्र चढ़ायें)।

आचमन - **ॐ वरुणाद्यावाहितदेवताभ्यो नमः, वस्त्रान्ते आचमनीयं जलं समर्पयामि।**

(आचमन के लिए जल चढ़ायें)।

यज्ञोपवीत - **ॐ वरुणाद्यावाहितदेवताभ्यो नमः, यज्ञोपवीतं समर्पयामि।**

(यज्ञोपवीत चढ़ायें)।

आचमन -**ॐ वरुणाद्यावाहितदेवताभ्यो नमः, यज्ञोपवीतान्ते आचमनीयं जलं समर्पयामि।**

(आचमन के लिए जल चढ़ायें)।

उपवस्त्र - **ॐ वरुणाद्यावाहितदेवताभ्यो नमः, उपवस्त्रं (उपवस्त्रार्थे रक्तसूत्रम्) समर्पयामि।**

(उपवस्त्र चढ़ायें)।

आचमन - **ॐ वरुणाद्यावाहितदेवताभ्यो नमः, उपवस्त्रान्ते आचमनीयं जलं समर्पयामि।**

(आचमन के लिए जल चढ़ायें)।

चन्दन - **ॐ वरुणाद्यावाहितदेवताभ्यो नमः, चन्दनं समर्पयामि।**

(चन्दन लगायें)।

अक्षत - **ॐ वरुणाद्यावाहितदेवताभ्यो नमः, अक्षतान् समर्पयामि।**

(अक्षत समर्पित करें)।

पुष्प (पुष्पमाला) - **ॐ वरुणाद्यावाहितदेवताभ्यो नमः, पुष्पं (पुष्पमालाम्) समर्पयामि।**

(पुष्प और पुष्पमाला चढ़ायें)।

नानापरिमल द्रव्य - **ॐ वरुणाद्यावाहितदेवताभ्यो नमः, नानापरिमलद्रव्याणि समर्पयामि।**

(विविध परिमल द्रव्य समर्पित करें)।

सुगन्धित द्रव्य - **ॐ वरुणाद्यावाहितदेवताभ्यो नमः, सुगन्धित द्रव्यं समर्पयामि।**

(सुगन्धित द्रव्य (इत्र आदि) चढ़ायें)।

धूप - **ॐ वरुणाद्यावाहितदेवताभ्यो नमः, धूपमाघ्रापयामि।**

(धूप आघ्रापित करायें)।

नवग्रह-मण्डल-पूजन

ग्रहों की स्थापना के लिए ईशानकोण में चार खड़ी पाइयों और चार पड़ी पाइयों का चौकोर मण्डल बनायें। इस प्रकार नो कोष्ठक बन जाएँगे। बीच वाले कोष्ठक में सूर्य, अग्निकोण में चन्द्र, दक्षिण में मङ्गल, ईशानकोण में बुध, उत्तर में बृहस्पति, पूर्व में शुक्र, पश्चिम में शनि, नैर्ऋत्यकोण में राहु और वायव्यकोण में केतु की स्थापना करें।

अब बायें हाथ में अक्षत लेकर नीचे लिखे मन्त्र बोलते हुए ऊपरिलिखत क्रम से दाहिने हाथ से अक्षत छोड़कर ग्रहों का आवाहन एवं स्थापना करें।

1. सूर्य (मध्य में गोलाकार, लाल)

सूर्य का आवाहन (लाल अक्षत-पुष्प-लेकर)-

ॐ आ कृष्णेन रजसा वर्तमानो निवेशयन्नमृतं मर्त्य च।
हिरण्येन सविता रथेना देवो याति भुवनानि पश्यन्॥
जपाकुसुमसंकाशं काश्यपेयं महाद्युतिम्।
तमोऽरि सर्वपापघ्नं सूर्यमावाहयाम्यहम्॥

ॐ भूर्भुवः स्वः कलिङ्गदेशोद्भव काश्यपगोत्र रक्तवर्ण भो सूर्य! इहागच्छ, इह तिष्ठ ॐ सूर्याय नमः, श्री सूर्यमावाहयामि, स्थापयामि।

2. चन्द्र (अग्निकोण में, अर्धचन्द्र, श्वेत)

चन्द्र का आवाहन (श्वेत अक्षत पुष्प से)-

ॐ इमं देवा असपत्न ँ सुवध्वं महते क्षत्राय
महते ज्येष्ठयाय महते जानराज्यायेन्द्रस्येन्द्रियाय।
इमममुष्य पुत्रममुष्यै पुत्रमुष्यै विश एष वोऽमी
राजां सोमोऽस्माकं ब्राह्मणाना ँ राजा॥
दधिशङ्खतुषाररभं क्षीरोदार्णवसम्भवम्।
ज्योत्स्नापतिं निशानाथं सोममावाहयाम्यहम्॥

ॐ भूर्भुवः स्वः यमुनातीरोद्भव आत्रेयगोत्र शुक्लवर्ण भो सोम! इहागच्छ, इह तिष्ठ ॐ सोमाय नमः, सोममावाहयामि, स्थापयामि।

3. मंगल (दक्षिण में त्रिकोण, लाल)

मङ्गल का आवाहन (लाल पुष्प और अक्षत लेकर)-

ॐ अग्निर्मूर्धा दिवः ककुत्पतिः पृथिव्या अयम्। अपा ँ रेता ँ सि जिन्वति।

धरणीगर्भसम्भूतं विद्युत्तेजस्समप्रभम्।
कुमारं शक्तिहस्तं च भौममावाहयाम्यहम्।।

ॐ भूर्भुवः स्वः अवन्तिदेशोद्भव भारद्वाजगोत्र रक्तवर्ण भो भौम! इहागच्छ, इह तिष्ठ ॐ भौमाय नमः, भौममावाहयामि, स्थापयामि।

4. बुध (ईशान कोण में, हरा, धनुष)

बुध का आवाहन (पीले हरे अक्षत, पुष्प लेकर)-

ॐ उद्बुध्यस्वाग्ने प्रति जागृहि त्वमिष्टापूर्ते स ँ सृजेथामयं च।
अस्मिन्त्सधस्थे अध्युत्तरस्मिन् विश्वे देवा यजमानश्च सीदत।।
प्रियङ्गुकलिकाभासं रूपेणाप्रतिमं बुधम्।
सौम्यं सौम्यगुणोपेतं बुधमावाहयाम्यहम्।।

ॐ भूर्भुवः स्वः मगधदेशोद्भव आत्रेयगोत्र पीतवर्ण भो बुध! इहागच्छ, इह तिष्ठ ॐ बुधाय नमः, बुधमावाहयामि, स्थापयामि।

5. बृहस्पति (उत्तर में पीला, अष्टल)

बृहस्पति का आवाहन (पीले अक्षत-पुष्प लेकर)-

ॐ बृहस्पते अति यदर्यो अर्हाद् द्युमद्विभाति क्रतुमज्जनेषु।
यद्दीदयच्छवस ऋतप्रजात तदस्मासु द्रविणं धेहि चित्रम्।।
उपयामगृहीतोऽसि बृहस्पतये त्वैष ते योनिर्बृहस्पतये त्वा।।
देवानां च मुनीनां च गुरुं काञ्चनसंनिभम्।
वन्द्यभूतं त्रिलोकानां गुरुमावाहयाम्यहम्।।

ॐ भूर्भुवः स्वः सिन्धुदेशोद्भव आङ्गिरसगोत्र पीतवर्ण भो गुरो! इहोगच्छ, इह तिष्ठ ॐ बृहस्पतये नमः, बृहस्पतिमावाहयामि, स्थापयामि।

6. शुक्र (पूर्व में श्वेत, चतुष्कोण)

शुक्र का आआवाहन (श्वेत अक्षत-पुष्प से)-

ॐ अन्नात्परिस्रुतो रसं ब्रह्मणा व्यपिबत्क्षत्रं पयः सोमं प्रजापतिः। ऋतेन सत्यमिन्द्रियं विपान ँ शुक्रमन्धस इन्द्रस्योन्द्रिमिदं पयोऽमृतं मधु॥

हिमकुन्दमृणालाभं दैत्यानां परमं गुरुम्।
सर्वशास्त्रप्रवक्तारं शुक्रमावाहयाम्यहम्॥

ॐ भूर्भुवः स्वः भोजकटदेशोद्भव भार्गवगोत्र शुक्लवर्ण भो शुक्र!
इहागच्छ, इह तिष्ठ ॐ शुक्राय नमः, शुक्रमावाहयामि, स्थापयामि।

7. शनि (पश्चिम में, काला मनुष्य)

1. **ॐ मनो जूतिर्जुषतामाज्यस्य बृहस्पतिर्यज्ञामिमं तनोत्वरिष्टं यज्ञ ँ समिमं दधातु। विश्वे देवा स इह मादयन्तामो३म्प्रतिष्ठ॥** (यजु. 2/13)

शनि का आवाहन (काले अक्षत-पुष्प से)-

ॐ शं नो देवीरभिष्टय आपो भवन्तु पीतये। शं योरभि स्रवन्तु नः॥

नीलाम्बुजसमाभासं रदिपुत्रं यमाग्रजम्।
छायामार्तण्डसम्भूतं शनिमावाहयाम्यम्॥

ॐ भूर्भुवः स्वः सौराष्ट्रदेशोद्भव काश्यपगोत्र कृष्णवर्ण भो शनैश्चर!
इहागच्छ, इह तिष्ठ ॐ शनैश्चराय नमः, शनिश्चरमावाहयामि, स्थापयामि।

8. राहु (नैर्ऋत्यकोण में, काला मकर)

राहु का आवाहन (काले अक्ष्ज्ञत-पुष्प से)-

ॐ नश्चित्र आ भुवदूती सदावृधं सखा। कया शचिष्ठया वृत्ता।

अर्धकायं महावीर्य चन्द्रादित्यविमर्दनम्।
सिंहिकागर्भसम्भूतं राहुमावाहयाम्यहम्॥

ॐ भूभुर्वः स्वः राठिनपुरोद्भव पैठीनसगोत्र कृष्णवर्ण भो राहो!
इहागच्छ, इह तिष्ठ ॐ राहवे नमः, राहुमावाहयामि, स्थापयामि।

9. केतु (वायव्य कोण में, कृष्ण खड्‌ग)-

केतु का आवाहन - (धूमिल अक्षत-पुष्प लेकर)-

ॐ केतुं कृण्वन्नकेतवे पेशो मर्या अपेशसे। समुषद्भिरजायथाः।।

पलाशधूम्रसङ्काशं तारकाग्रहमस्तकाम्।

रौद्रं रौद्रात्मकं घोरं केतुमावाहयाम्यहम्।।

ॐ भूर्भुवः स्वः अन्तवेदिसमुद्भव जैमिनिगोत्र धूम्रवर्ण भो केतो!

इहागच्छ, इह तिष्ठ ॐ केतवे नमः, केतुमावाहयमि, स्थापयामि।

नवग्रह मण्डल की प्रतिष्ठा - आवाहन और स्थापन के बाद हाथ में अक्षत लेकर 'ॐ मनो जूति.१' इस मन्त्र से नवग्रह मण्डल में अक्षत छोड़ें।

अस्मिन् नवग्रहमण्डले आवाहिताः सूर्यादिनवग्रहा देवाः सुप्रतिष्ठिता वरदा भवन्तु।

❑❑❑

नवग्रह पूजन

नवग्रहों का आवाहन कर इनकी पूजा करें। नाम-मन्त्र निम्नलिखित हैं-

ॐ आवाहितसूर्यादिनवग्रहेभ्यो देवेभ्यो नमः।

इस नाम-मन्त्र से पूजन करने के बाद हाथ जोड़कर निम्नलिखित प्रार्थना करें-

प्रार्थना -

ॐ ब्रह्मा मुरारिस्त्रिपुरान्तकारी भानुः शशी भूमिसुतो बुधश्च।
गुरुश्च शुक्रः शनिराहुकेतवः सर्वे ग्रहाः शान्तिकराः भवन्तु॥
सूर्यः शौर्यमथेन्दुरुच्चपदवीं सन्मङ्गलं मङ्गलः
सद्बुद्धिं च बुधो गुरुश्च गुरुतां शुक्रः सुखं शं शनि।
राहुर्बाहुलं करोतु सततं केतुः कुलस्योन्नतिं
नित्यं प्रीतिकरा भवन्तु मम ते सर्वेऽनुकूला ग्रहाः॥

इसके बाद निम्नलिखित वाक्य का उच्चारण करते हुए नवग्रहमण्डल पर अक्षत-

शिवः शिवा गुहो विष्णुब्रह्मेन्द्रयकमकालकाः।
चित्रगुप्तोऽथ भान्वादेर्दक्षिणे चाधिदेवताः॥

(स्कन्दपुराण)

'सूर्यादि ग्रहों के दक्षिण पार्श्व में क्रमशः शिव, पार्वती, स्कन्द, विष्णु, ब्रह्मा, इन्द्र, यम, काल और चित्रगुप्त-ये अधिदेवता अधिष्ठित किये जाते हैं।

छोड़ दें और नस्कार करें-

निवेदन और नमस्कार - 'अनया पूजया सूर्यादिनवग्रहाः प्रीयन्तां न मम'

अधिदेवता और प्रत्यधिदेवता का स्थापन

उद्यापन, शतचण्डी, यज्ञानुष्ठान आदि विशेष अवसरों पर नवग्रहों के मण्डल में नवग्रहों के साथ अधिदेवत, प्रत्यधिदेवता आदि की भी पूजा की जाती है। इनकी स्थापना का विशेष नियम है, जिसका निर्देश यहाँ किया जाता है।

अधिदेवताओं की स्थापना

(हाथ में अक्षत-पुष्प लेकर निम्न मन्त्रों को पढ़ते हुए चित्रानुसार नियत स्थानों पर अधिदेवताओं का आवाहन-स्थापन पूर्वक अक्षत-पुष्पों को छोड़ता जाए)।

ईश्वर (सूर्य के दायें भाग में) आवाहन-स्थापन-

ॐ त्र्यम्बकं यजामहे सुगन्धिं पुष्टिवर्धनम्।
उर्वारुकमिव बन्धानान्मृत्योमुक्षीय मामृतात्।।
एह्येहि विश्वेश्वर नस्त्रिशूलकपालखट्वाङ्गधरेण सार्धम्।
लोकेश यक्षेश्वर यज्ञसिद्ध्यै गृहाण पूजां भगवन् नमस्ते।।

ॐ भूर्भुवः स्वः ईश्वराय नमः, ईश्वरमावाहयामि, स्थापयामि।

उमा (चन्द्रमा के दायें भाग में) आवाहन-स्थापन-

ॐ श्रीश्च ते लक्ष्मीश्च पत्न्यावहोरात्रे पार्श्वे नक्षत्राणि रूपमश्विनौ व्यात्तम्। इष्णन्निषाणामुं म इषाण सर्वलोकं म इषाण।

❐❐❐

चतुःषष्टियोगिनी पूजन

यज्ञादि अनुष्ठानों में चौंसठ योगिनियों का विशेष पूजन प्रायः पृथक् वेदी में चक्र बनाकर किया जाता है, परन्तु साधारण पूजा में प्रायः षोडश-मातृका-मण्डल पर ही चौंसठ योगिनियों के आवाहन एवं पूजनादि की भी परम्परा है। तदनुसार बायें हाथ में अक्षत लेकर दाहिने हाथ से छोड़ते निम्नलिखित नाम-मन्त्र पढ़कर चौंसठ योगिनियों का आवाहन करें।

आवाहन-

1. ॐ दिव्ययोगायै नमः,
2. ॐ महायोगायै नमः,
3. ॐ सिद्धयोगायै नमः,
4. ॐ महेश्वर्यै नमः,
5. ॐ पिशाचिन्यै नमः,
6. ॐ डाकिन्यै नमः,
7. ॐ कालरात्र्यै नमः,
8. ॐ निशाचर्यै नमः,
9. ॐ कंकाल्यै नमः,
10. ॐ रौद्रवेताल्यै नमः,
11. ॐ हुँकार्यै नमः,
12. ॐ ऊर्ध्वकेश्यै नमः,
13. ॐ विरूपाक्षयै नमः,
14. ॐ शुष्काङ्ग्यै नमः,
15. ॐ नरभोजिन्यै नमः,
16. ॐ फट्कार्यै नमः,
17. ॐ वीरभद्रायै नमः,
18. ॐ धूम्राक्ष्यै नमः,
19. ॐ कलहप्रियायै नमः,
20. ॐ रक्ताक्ष्यै नमः,
21. ॐ राक्षस्यै नमः,
22. ॐ घोरायै नमः,
23. ॐ विश्वरूपायै नमः,
24. ॐ भयङ्कर्यै नमः,
25. ॐ कामाक्ष्यै नमः,
26. ॐ उग्रचामुण्डायै नमः,
27. ॐ भीषणायै नमः,
28. ॐ त्रिपुरान्तकायै नमः,
29. ॐ वीरकौमारिकार्य नमः,
30. ॐ चण्ड्यै नमः,
31. ॐ वाराह्यै नमः,
32. ॐ मुण्डधारिण्यै नमः,
33. ॐ भैरव्यै नमः,
34. ॐ हस्तिन्यै नमः,
35. ॐ क्रोधदुर्मुख्यै नमः,
36. ॐ प्रेतवाहिन्यै नमः,
37. ॐ खट्वाङ्गदीर्घ लम्बोष्ठयै नमः,
38. ॐ मालत्यै नमः,
39. ॐ मन्त्रयोगिन्यै नमः,
40. ॐ अस्थिन्यै नमः,

41. ॐ चक्रिण्यै नमः, 42. ॐ ग्राहायै नमः,
43. ॐ भुवनेश्वर्यै नमः, 44. ॐ कण्टक्यै नमः,
45. ॐ कारक्यै नमः, 46. ॐ शुभ्रायै नमः,
47. ॐ क्रियायै नमः, 48. ॐ दूत्यै नमः,
49. ॐ करालिन्यै नमः, 50. ॐ शङ्खिन्यै नमः,
51. ॐ पद्मिन्यै नमः, 52. ॐ क्षीरायै नमः,
53. ॐ असन्धायै नमः, 54. ॐ प्रहारिण्यै नमः,
55. ॐ लक्ष्म्यै नमः, 56. ॐ कामुक्यै नमः,
57. ॐ लोलायै नमः, 58. ॐ काकदृष्ट्यै नमः,
59. ॐ अधोमुख्यै नमः, 60. ॐ धूर्जट्यै नमः,
61. ॐ मालिन्यै नमः, 62. ॐ घोरायै नमः,
63. ॐ कपाल्यै नमः, 64. ॐ विषभोजिन्यै नमः।

आवाहयाम्यहं देवीर्योगिनीः परमेश्वरीः।
योगाभ्यासेन संतुष्टाः परं ध्यानसमन्विताः॥
दिव्यकुण्डलसंकाशा दिव्यज्वालास्त्रिलोचनाः।
मूर्तिमतीर्ह्यमूर्त्ताश्च उग्राश्चैवोग्ररूपिणीः॥
अनेकभावसंयुक्ताः संसारार्णवतारिणीः।
यज्ञे कुर्वन्तु निर्विघ्नं श्रेयो यच्छन्तु मातरः॥

ॐ चतुःषष्टियोगिनीभ्यो नमः, युष्मान् अहम् आवाहयामि, स्थापयामि, पूजयामि च।

पूजन - आवाहन के बाद प्रतिष्ठापूर्वक निम्नलिखित नाम-मन्त्र से गन्धादि उपचारों द्वारा पूजन करें-

'ॐ चतुःषष्ठियोगिनीभ्यो नमः'

प्रार्थना - पूजन के अनन्तर हाथ जोड़कर निम्न मन्त्र से प्रार्थना करें-

'यज्ञे कुर्वन्तु निर्विघ्नं श्रेयो यच्छन्तु मातरः॥'

इसके बाद हाथ में अक्षत लेकर **'अनया पूजया चतुःषष्टियोगिन्यः प्रीयन्ताम् न मम।'** बोलकर मण्डल पर अक्षत छोड़ दें।

❑❑❑

देवी-पुष्पाञ्जलि-स्तोत्रम्

अयि गिरि-नन्दिनी नन्दितमेदिनि विश्व विनोदिनी नन्दिनुते
गिरिवर-विध्न्य-शिरोऽधि-निवासिनि विष्णुविलासिनि जिषुनुते।
भगवती हे शितिकण्ठ-कुटुम्बिनि भूरिकुटुम्बिनि भूतिकृते
जय जय हे महिषासुर-मर्दिनि! रम्यकपर्दिनि! शैलसुते! ॥1॥
सुरवरवर्षिणि दुर्धरर्षिणि दुर्मुखमर्षिणि हर्षरते
त्रिभुवनपोषिणि शङ्करतोषिणि कल्मषमोषिणि घोषरते।
दनुज-निरोषिणि दुर्मद-शोषिणि दुर्मुनि-रोषिणि सिन्धुसुते
जय जय हे महिषासुर-मर्दिनि! रम्यकपर्दिनि! शैलसुते! ॥2॥
अयि जगदम्ब! कदम्ब-वन-प्रियवासिनि तोषिणि हासरते
शिखरि-शिरोमणि-तुङ्गहिमालय- शृङ्ग-निजाजय-मध्यगते।
मधु-मधुरे मधु-कैटभ-गञ्जिनि महिषविदारिणि रासरते
जय जय हे महिषासुर-मर्दिनि! रम्यकपर्दिनि! शैलसुते! ॥3॥
अयि निजहुंकृति-मात्रनिराकृत-धूम्रविलोचन-धूम्रशते
समर-विशोषित-रोषित-शोणित-बीजसमुद्भव-बीजलते।
शिव-शिव शुम्भ-निशुम्भ-महाहव-तर्पित-भूत-पिशाचरते
जय जय हे महिषासुर-मर्दिनि! रम्यकपर्दिनि! शैलसुते! ॥3॥
अयि शतखण्ड-विखण्डित-रुण्ड-वितुण्ड-शुण्ड-गजाधिपते
निज-भुजदण्ड-निपातित-चण्ड-विपाटित-मुण्ड-भटाधिपते।
रिपुगजगण्ड-विदारण-चण्ड-पराक्रम-शौण्ड-मृगाधिपते
जय जय हे महिषासुर-मर्दिनि! रम्यकपर्दिनि! शैलसुते! ॥5॥
धनुरनुषङ्ग-रणक्षणसङ्ग-रसद्भट शृङ्ग-नटत्कटके
कनक-पिशङ्ग-पृषत्कनिषङ्ग-रसद्भट शृङ्ग-हताबटुके।
हत-चतुरङ्ग-बल-क्षितिरङ्ग-घटद्-बहुरङ्ग-रटद्-बटुके
जय जय हे महिषासुर-मर्दिनि! रम्यकपर्दिनि! शैलसुते! ॥6॥
अयि रणदुर्मद-शत्रुवधद्धर-दुर्धर-निर्भर-शक्तिभृते
चतुर-विचार-धुरीण-महाशय-दूतकृत-प्रमथाधिपते।
दुरित-दुरीह-दुराशय-दुर्मति-दानवदूत-दुरन्तगते
जय जय हे महिषासुर-मर्दिनि! रम्यकपर्दिनि! शैलसुते! ॥7॥

अयि शरणागत-वैरिवधू-जन-वीरवराभव-दायिकरे
त्रिभुवन-मस्तक-शूलविरोधि-शिरोधि-कृतामल-शूलकरे।
दुमि-दुमितामर-दुन्दुभिनाद-मुहुर्मुखरीकृत-दिङ्निकरे
जय जय हे महिषासुर-मर्दिनि! रम्यकपर्दिनि! शैलसुते! ॥8॥
सुरललना-ततथेयित-थेयित-थाभिनयोत्तर-नृत्यरते
कृतकुकुथा-कुकुथोदि-डदाडिक-ताल-कुतुहल-गानरते
धुधुकुट-धुधुट-श्रिन्धि-मितध्वनि-धीर-मृदङ्ग-निनादरते
जय जय हे महिषासुर-मर्दिनि! रम्यकपर्दिनि! शैलसुते! ॥ 9॥
जय जय जाप्यजये जयशब्द-परस्तुति-तत्पर-विश्वनुते
झणझण-झिंझिम-झिंकृत-नूपुर-शिञ्जित-मोहित-भूतपते।
नटित-नटार्थ-नटीनटनायक-नाट-ननाटित-नाट्यरते
जय जय हे महिषासुर-मर्दिनि! रम्यकपर्दिनि! शैलसुते! ॥10॥
अयि सुमनः-सुमनः-सुमनः-सुमनः-सुमनोरम-कान्तियुते
श्रितरजनी-रजनी-रजनी-रजनी-रजनीकर-वक्त्रभृते।
सुनयन-विभ्रमर-भ्रमर-भ्रमर-भ्रमर-भ्रमराभिदृते
जय जय हे महिषासुर-मर्दिनि! रम्यकपर्दिनि! शैलसुते! ॥11॥
महित-महाहव-मल्ल-मतल्लिक-वल्लित-रल्लित-भल्लिरते
विरचित-वल्लि-कपालिक-पल्लिक-झिल्लिक-भिल्लिक-वर्गवृते।
श्रुतकृतपुल्ल-समुल्लसितारुण-तल्लज-पल्लव-सल्ललिते
जय जय हे महिषासुर-मर्दिनि! रम्यकपर्दिनि! शैलसुते! ॥12॥
अयि सुदतीजन-लालस-मानस-मोहन-मन्मथ-राजसुते
अविरल-गण्डगलन्-मदनेतुर-मत्त-मत्तङ्गजराजगते।
त्रिभुवन-भूषण-भूतकलानिधि-रूप-पयोनिधि-राजसुते
जय जय हे महिषासुर-मर्दिनि! रम्यकपर्दिनि! शैलसुते! ॥13॥
कमलदलामल-कोमलकान्ति-कलाकलितामल-भालतले
सकल-दलामल-कोमलकान्ति-कलाकलितामल-भालतले
सकल-विलास-कलानिलय-क्रम-केलि-चलत्-कलाहंस-कुले
अलिकुल-सङ्कुल-कुन्तल-मण्डल-मौलिमिलद्-बकुलालिकुले
जय जय हे महिषासुर-मर्दिनि! रम्यकपर्दिनि! शैलसुते! ॥ 14॥
करमुरलीरव-वर्जित-कूजित-लज्जित-कोकिल-मञ्जुमते
मिलित-मिलिन्द-मनोहर-गुञ्जित-शैल-निकुञ्जगते।
निजगणभूत-महाशबरीगण-रङ्गण-सम्भृत-केलिरते

जय जय हे महिषासुर-मर्दिनि! रम्यकपर्दिनि! शैलसुते! ॥15॥
कटिपट-पीत-दुकूल-विचित्र-मयूख-तिरस्कृत चण्डरुचे
जित-कनकाचल-मौलि-मदोर्जित-गर्जित-कुञ्जर-कुम्भकुचे।
प्रणत-सुराऽसुर-मौलिमणि-स्फुरदंशु-लसन्नख-चन्द्ररुचे
जय जय हे महिषासुर-मर्दिनि! रम्यकपर्दिनि! शैलसुते! ॥16॥
विजित-सहस्र-करैक-सहस्र-करैक-सहस्र करैकनुते
कृत-सुरतारक-सङ्गरतारक-सङ्गरतारक-सुनूनुते।
सुरथ-समाधि-समान-समाधि-समान-समाधि-सुजाप्यरते
जय जय हे महिषासुर-मर्दिनि! रम्यकपर्दिनि! शैलसुते! ॥17॥
मदकमलं करुणानिलये वरिवस्यति योऽनुदिनं सुशिवे
अयि कमले कमलानिलये कमलानिलयः स कथं न भवेत्।
तव मदमेव परं पदमस्त्विति शीलयतो मम किं न शिवे
जय जय हे महिषासुर-मर्दिनि! रम्यकपर्दिनि! शैलसुते! ॥18॥
कनक-लसत्-कलशीकजलै-रनुषिञ्चति तेऽङ्गण-रङ्गभुवम्
भजति स किं न शची-कुच-कुम्भ-नटी-परिरम्भ-सुखानुभवम्।
तव चरणं शरणं करवाणि सुवाणि पथं मम देहि शिवम्
जय जय हे महिषासुर-मर्दिनि! रम्यकपर्दिनि! शैलसुते! ॥19॥
तव विमलेन्दुकलं वदनेन्दुमलं कलयन्ननुकूलयते
किमु पुरुहूत-पुरीन्दुमुखी-सुमुखीभिरसौ विमुखीक्रियते।
मम तु मतं शिवमानधने भवती कृपया किमु न क्रियते।
जय जय हे महिषासुर-मर्दिनि! रम्यकपर्दिनि! शैलसुते! ॥20॥
अयि मयि दीनदयालुतया कृपयैव त्वया भवितव्यमुमे
अयि जगतो जननीति यथाऽसि मयाऽसि तथाऽनुमतासि रमे।
यदुचित्रमत्र भवत्पुरगं कुरु शाम्भवि देवि दयां कुरु मे
जय जय हे महिषासुर-मर्दिनि! रम्यकपर्दिनि! शैलसुते! ॥21॥
स्तुतिमिमां स्तिमितः सुसमाधिना नियमतो यमतोऽनुदिनं पठेत्।
परमया रमया स निषेव्यते परिजनोऽरिजनोऽपि च तं भजेत्॥22॥

॥इति देवी-पुष्पांजलि स्तोत्रम् समाप्तम्॥

दुर्गा-द्वात्रिंशन्नाम-माला

दुर्गा दुर्गतिनाशिनी दुर्गापद-विनिवारिणी।
दुर्गमच्छेदिनी दुर्ग-साधिनी दुर्ग-नाशिनी ॥1॥
दुर्गतोद्धारिणी दुर्गनिहन्त्री दुर्गमापहा।
दुर्गम-ज्ञानदा दुर्ग-दैत्यलोक-दवानला ॥2॥
दुर्गमा दुर्गमालोका दुर्गमात्मस्वरूपिणी।
दुर्गमार्गप्रदा दुर्गमविद्या दुर्गमाश्रिता ॥3॥
दुर्गम-ज्ञान-संस्थाना दुर्गम-ध्यान-भासिनी।
दुर्गमोहा दुर्गगमा दुर्गमार्थस्वरूपिणी ॥4॥
दुर्गमासुरसंहन्त्री दुर्गमायुधधारिणी।
दुर्गमाङ्गी दुर्गमता दुर्गम्या दुर्गमेश्वरी ॥5॥
दुर्गभीमा दुर्गभामा दुर्गभा दुर्गदारिणी।
नामावलिमिमां यस्तु दुर्गाया मम मानवः।
पठेत् सर्वभयान् मुक्तो भविष्यति न संशयः॥6॥

॥इति दुर्गा-द्वात्रिंशन्नाम-माला समाप्ता॥

श्रीसूक्तम्

ध्यानम्

अरुण-कमलसंस्था तद्रजः पुञ्जवर्णा
    कर-युगल-घृतेष्टा-ऽभीति-युग्माम्बुजा च।
मणिमय-मुकुलाढ्या-ऽलंकृता कल्पजालै-
    र्भवतु भुवनमाता सन्ततं श्रीः श्रियै नः॥

ॐ हिरण्यवर्णां हरिणीं सुवर्णरजतस्रजाम्।
चन्द्रां हिरण्मयीं लक्ष्मीं जातवेदो म आवह ॥1॥
तां म आवह जातवेदो लक्ष्मीमनपगामिनीम्।
यस्यां हिरण्यं विन्देयं गामश्वं पुरुषानहम् ॥2॥
अश्वपूर्वां रथमध्यां हस्तिनाद-प्रबोधिनीम्।
श्रियं देवीमुपह्वये श्रीर्मा देवी जुषताम् ॥3॥
कां सोऽस्मितां हिरण्यप्राकारामार्द्रां ज्वलन्तीं तृप्तां तर्पयन्तीम्।
पद्मे स्थितां पद्मवर्णां तामिहोपह्वये श्रियम् ॥4॥
चन्द्रां प्रभासां यशसा ज्वलन्तीं श्रियं लोके देवजुष्टामुदाराम्।
तां पद्मनेमिं शरणं प्रपद्ये अलक्ष्मीर्मे नश्यतां त्वां वृणे ॥5॥
आदित्यवर्णे तपसोऽधिजातो वनस्पतिस्तव वृक्षोऽथ बिल्वः।
तस्य फलानि तपसा नुन्दन्तु मायान्तरा याश्च बाह्याऽअलक्ष्मीः ॥6॥
उपैतु मां देवसखः कीर्तिश्च मणिना सह।
प्रादुर्भूतो सुराष्ट्रेऽस्मिन् कीर्तिमृद्धिं ददातु मे ॥7॥
क्षुत्पिपासामलां ज्येष्ठामलक्ष्मीं नाशयाम्यहम्।
अभूतिमसमृद्धिं च सर्वां निर्णुद मे गृहात् ॥8॥
गन्धद्वारां दुराधर्षां नित्यपुष्टां करीषिणीम्।
ईश्वरीं सर्वभूतानां तामिहोपह्वये श्रियम् ॥9॥
मनसः काममाकूतिं वाचः सत्यमशीमहि।
पशूनां रूपमन्नस्य मयि श्रीः श्रयतां यशः ॥10॥

कर्दमेन प्रजाभूता मयि सम्भव कर्दम।
श्रियं वासय मे कुले मातरं पद्ममालिनीम् ॥11॥
आपः सृजन्तु स्निग्धानि चिक्लीत वस मे गृहे।
नि च देवीं मातरं श्रियं वासय मे कुले ॥12॥
आर्द्रां पुष्करिणीं पुष्टिं पिङ्गलां पद्ममालिनीम्।
चन्द्रां हिरण्मयीं लक्ष्मीं जातवेदो म आवह ॥13॥
आर्द्रां यः करिणीं यष्टिं सुवर्णां हेममालिनीम्।
सूर्यां हिरण्मयीं लक्ष्मीं जातवेदो म आवह ॥14॥
तां म आव जातवेदो लक्ष्मीमनपगामिनीम्।
यस्यां हिरण्यं प्रभूतिं गावो दास्योऽश्वान्विदेयं पुरुषानहम् ॥15॥
यः शुचिः प्रयतो भूत्वा जुहुयादाज्यमन्वहम्।
सूक्तं पञ्चदशर्चं च श्रीकामः सततं जपेत् ॥16॥

॥इति श्रीसूक्तं समाप्तम्॥

देव्यपराध-क्षमापन-स्तोत्रम्

न मन्त्रं नो यन्त्रं तदपि च न जाने स्तुतिमहो
न चाह्वानं ध्यानं तदपि च न जानेस्तुति-कथाः।
न जाने मुद्रास्ते तदपि च न जाने विलपनं
परं जाने मातस्त्वदनुशरणं क्लेशहरणम् ॥1॥
विधेरज्ञानेन द्रविण-विरहेणा-ऽलसतया
विधेयाऽशक्यत्वात् तव चरणयोर्या च्युतिरभूत्।
तदेतत् क्षन्तव्यं जननि सकलोद्धारिणि शिवे
कुपुत्रो जायेत क्वचिदपि कुमाता न भवति ॥2॥
पृथिव्यां पुत्रास्ते जननि बहवः सन्ति सरलाः
परं तेषां मध्ये विरलतरलोऽहं तव सुतः।
मदीयोऽयं त्यागः समुचितमिदं ना तव शिवे
कुपुत्रो जायेत क्वचिदपि कुमाता न भवति ॥3॥
जगन्मातार्मातस्तव चरणसेवा न रचिता
न वा दत्तं देवि! द्रविणमपि भूयस्तव मया।
तथाऽपि त्वं स्नेहं मयि निरुपमं यत् प्रकुरुषे
कुपुत्रो जायेत क्वचिदपि कुमाता न भवति ॥4॥
परित्यक्ता देवा विविध-विधि-सेवाकुलतया
मया पञ्चाशीतेरधिकमपनीते तु वयसि।
इदानीं चेन्मातस्तव यदि कृपा नाऽसि भविता
निरालम्बो लम्बोदर-जननि कं यामि शरणम् ॥5॥
श्वपाको जल्पाको भवति मधुपाकोपमगिरा
निरातङ्को रङ्को विरहति चिरं कोटि-कनकैः।
तवापर्णे कर्णे विशति मनुवर्णे फलमिदं
जनः को जानीते जननि जपनीयं जपविधौ ॥6॥
चिताभस्मालेपो गरलमशनं दिक्पटधरो
जटाधारी कण्ठे भुजगपतिहारी पशुपतिः।
कपाली-भूतेशो भजति जगदीशैकपदवीं

भवानि त्वत्पाणि-ग्रहण-परिपाटी-फलमिदम् ॥7॥
न मोक्षयाऽऽकांक्षा भव-विभव-वाञ्छाऽपि च न मे
न विज्ञानापेक्षा शशिमुखि सुखेच्छाऽपि न पुनः।
अतस्त्वां संयाचे जननि जननं यातु मम वै
मृडानी रुद्राणी शिव शिव भवानीति जपतः ॥8॥
नाऽऽराधिताऽसि विधिना विविधोपचारैः
किं रुक्ष-चिन्तन-परैर्न कृतं वचोभिः।
श्यामे त्वमेव यदि किञ्चन मय्यनाथे
धत्से कृपामुचितमम्ब! परं तदेव ॥9॥
आपत्सु मग्नः स्मरणं त्वदीयं करोमि दुर्गे करुणार्णवेशि।
नैतच्छठत्वं मम भावयेथाः क्षुधा-तृषार्ता जननीं स्मरन्ति ॥10॥
जगदम्ब् विचित्रमत्र किं परिपूर्णा करुणाऽस्ति चेन्मयि।
अपराध-परम्परावृतं न हि माता समुपेक्षते सुतम् ॥11॥
मत्समः पातकी नास्ति पापघ्नी त्वत्समा न हि।
एवं ज्ञात्वा महादेवि! यथायोग्यं तथा कुरु ॥12॥

॥इति देव्यपराध-क्षमापन-स्तोत्रं सम्पूर्णम्॥

देव्यपराधक्षमापनम्

अपराधसहस्राणि क्रियन्तेऽहर्निशं मया।
दासोऽयमिति मां मत्वा क्षमस्व परमेश्वरि ॥1॥
आवाहनं न जानामि न जानामि विसर्जनम्।
पूजां चैव न जानामि क्षम्यतां परमेश्वरि ॥2॥
यद्दतं भक्तिमात्रेण पत्रं पुष्पं फलं जलम्।
विनेदितं च नैवेद्यं तद् गृहाणाऽनुकम्पया ॥3॥
मन्त्रहीनं क्रियाहीनं भक्तिहीनं सुरेश्वरि!
यत्पूजितं मया देवि! परिपूर्ण तदस्तु मे ॥4॥
अपराधशतं कृत्वा जगदम्बेति चोच्चरेत्।
यां गति समवाप्नोति न तां ब्रह्मादयः सुराः ॥5॥
अज्ञानाद् विस्मृतेर्भ्रान्त्या यत्न्यूनमधिकं कृतम्।
तत्सर्व क्षम्यतां देवि! प्रसीद परमेश्वरि! ॥6॥
कामेश्वरि! जगन्मातः सच्चिदानन्दविग्रहे।
गृहाण त्वं स्तुतिमिमां प्रसीद परमेश्वरि! ॥7॥
गतं पापं गतं दुःखं गतं दारिद्रयमेव च।
आगता सुखसम्पत्तिः पुण्याच्च तव दर्शनात् ॥8॥
यदत्र पाठे जगदम्बिके! मया विसर्ग -बिन्द्वक्षर-हीनमीरितम्।
तदस्तु सम्पूर्णतम प्रसादतः सङ्कल्पसिद्धि श्च सदैव जायताम् ॥9॥
मोहादज्ञानतो वा पठितमपठितं साम्प्रतं ते स्तवेऽस्मिन्।
तत्सर्व साङ्गमास्तां भगवति वरदे! त्वत्प्रसादात् प्रसीद ॥10॥
यस्याऽर्थ पठितं स्तोत्रं तवेदं शङ्करप्रिये।
तस्य देहस्य गेहस्य शान्तिर्भवतु सर्वदा ॥11॥

॥इति दुर्गार्चनपद्धतौ देव्यपराधक्षमापनं समाप्तम्॥

शतचण्डी एवं सहस्रचण्डी-यज्ञानुक्रमणी

नित्यकर्म विधायैव प्रायश्चितं समाचरेत्।
गणेशं पूजयेदादौ स्वस्तिवाचनपूर्वकम् ॥1॥
मातृणां पूजनं कार्य नान्दीश्राद्धमतः परम्।
आचार्यमथ वृत्वैव ब्रह्माणं गाणपत्यकम् ॥2॥
सदस्यमुपद्रष्टारमृत्विजो वृणुयात्ततः।
प्रवेशनं मण्डपस्य तावद् दिग्-रक्षणं पुनः ॥3॥
ततो मण्डपपूजादि ग्रहादिस्थापनं ततः।
देवता-ग्रह-होमं च पूर्वाङ्गमिति कथ्यते ॥4॥
पूजास्विष्टं नवाहुत्यो बलिः पूर्णाहुतिस्तथा।
संस्रवादि विमोकान्तं होमशेषं समापयेत् ॥5॥
पूर्णपात्रादिदानं च गोदानं च ततः परम्।
श्रेयो मण्डपदानादि ह्यभिषेको विसर्जनम् ॥6॥
विप्रेभ्यो दक्षिणां दत्वा भोजयेद् विधिपूर्वकम्।
शुभाशीर्ग्रहणं कुर्यादुत्तराङ्गक्रमो ह्ययम् ॥7॥
इति शतचण्डी-सहस्रचण्डी-यज्ञानुक्रमणी समाप्ता।

दुर्गाशप्तशती के सम्पुट-मन्त्रों द्वारा फलप्राप्ति के साधन

1. दुःख-दारिद्र्य निवारणार्थ-

दुर्गे स्मृता हरसि भीतिमशेषजन्तोः
स्वस्थैः स्मृता मतिमतीव शुभां ददासि।
दारिद्रय-दुःख-भयहारिणि का त्वदन्या
सर्वोपकार-करणाय सदाऽऽर्द्रचित्ता॥

(अ. 4, श्लोक 17)

2. विविध उपद्रवों के शमनार्थ-

रक्षांसि यत्रोग्रविषा श्च नागा
यत्रारयो दस्यु बलानि यत्र।
दावानलो यत्र तथाऽब्धिमध्ये
तत्र स्थिता त्वं परिपासि विश्वम्॥

(अ. 11, श्लोक 32)

3. विपत्तिनाशक तथा शुभदायक-

करोतु सा नः शुभहेतुरीश्वरी
शुभानि भद्राण्यभिहन्तु चापदः॥

(अ. 5, श्लोक 81)

4. विश्वव्यापी विपत्ति-नाशक-

देवि प्रपन्नार्तिहरे प्रसीद
प्रसीद मातर्जगतोऽखिलस्य।
प्रसीद विश्वेश्वरि पाहि विश्वं
त्वमीश्वरी देवि चराऽचरस्य॥

(अ. 11, श्लोक 3)

5. आपत्ति-उद्धारक-

शरणागत-दीनार्त-परित्राण-परायणे।
सर्वस्यार्तिहरे देवि नारायणि नमोऽस्तु ते॥

(अ. 11, श्लोक 12)

6. विश्वं-सम्बन्धी अभ्युत्थान-

विश्वे श्वरि त्वं परिपासि विश्वं
विश्वात्मिका धारयसीति विश्वम्।
विश्वेशवन्द्या भवती भवन्ति
विश्वाश्रया ये त्वयि भक्तिनम्राः॥

(अ. 11, श्लोक 33)

7. सामूहिक कल्याणार्थ-

देव्या यया ततमिदं जगदात्मशक्त्या
निश्शेष-देवगण-शक्तिसमूह-मूर्त्या।
तामम्बिकामखिल-देव-महर्षिपूज्यां
भक्त्या नताः स्म विदधातु शुभानि सा नः॥

(अ. 4, श्लोक 3)

8. पापनाशक-

हिनस्ति दैत्यतेजांसि स्वनेनापूर्य या जगत्।
सा घण्टा पातु नो देवि पापेभ्योऽनः सुतानिव॥

(अ. 11, श्लोक 27)

9. भयनिवारक-

सर्वस्वरूपे सर्वेशे सर्वशक्तिसमन्विते।
भयेभ्यास्त्राहि नो देवि दुर्गे नामेऽस्तु ते॥

(अ. 11, श्लोक 24)

10. रोगनाशक-

रोगानशेषानपहंसि तुष्टा रुष्टा तु कामान् सकलानभीष्टान्।
त्वामाश्रितानां न विपन्नराणां त्वामाश्रिता ह्याश्रयतां प्रयान्ति॥

(अ. 11, श्लोक 29)

11. अपमृत्युविनाशार्थ-

ॐ त्र्यम्बकं यजामहे सुगन्धिं पुष्टिवर्धनम्।
उर्वारुकमिव बन्धनान्मृत्योर्मुक्षीय माऽमृतात्॥

(अ. य. सं. अ. 3, मन्त्र 60)

12. स्वरक्षणार्थ-

शूलेन पाहि नो देवि पाहि खड्गेन चाऽम्बिके।
घण्टा स्वनेन नः पाहि चापज्यानिःस्वनेन च॥

(अ. 4, श्लोक 24)

13. महामारी नाशक-

जयन्ती मङ्गला काली भद्रकाली कपालिनी।
दुर्गा क्षमा धात्री स्वाहा स्वधा नमो ऽस्तु ते॥

(अ. स्तो., श्लोक 1)

14. सर्वाबाधा प्रशमनार्थ-

सर्वाबाधाप्रशमनं त्रैलोक्यस्याऽखिलेश्वरि।
एवमेव त्वया कार्यमस्मद् वैरिविनाशनम्॥

(अ. 11, श्लोक 39)

15. सर्वकल्याणार्थ-

सर्वमङ्गलमाङ्गल्ये शिवे सर्वार्थसाधिके।
शरण्ये त्र्यम्बके गोरि नारायणि नमोऽस्तु ते॥

(अ. 11, श्लोक 10)

16. सौभाग्य और आरोग्यकारक-

देहि सौभाग्यमारोग्यं देहि मे परमं सुखम्।
रूपं देहि जयं देहि यशो देहि द्विषो जहि॥

(अ. स्तो., श्लोक 12)

17. सर्वांगीण अभ्युत्थान-

ते सम्मता जनपदेषु धनानि तेषां
तेषां यशांसि न च सीदति धर्मवर्गः।
धन्यास्त एव निभृतात्मज-भृत्य-दारा
येषां सदाभ्युदायदा भवती प्रसन्ना॥

(अ. 4, श्लोक 15)

18. सुलक्षणा पत्नी की उपलब्धि हेतु-

पत्नीं मनोरमां देहि मनोवृत्त क्कानुसारिणीम्।
तारिणीं दुर्गसंसार-सागरस्य कुलोद्भवाम्॥

(अ. स्तो., श्लोक 24)

19. इच्छित पति प्राप्ति हेतु-

ॐ कात्यायनि महामाये! महायोगिन्यधीश्वरि।
नन्दगोपसुते देवि! पतिं मे कुरु ते नमः॥

(श्रीमद्भागवत)

20. समस्त कार्यों की सिद्धि हेतु-

शरणागत-दीनार्त-परित्राण-परायणे।
सर्वस्यार्तिहरे देवि नारायणि नमोऽस्तु ते॥

(अ. 11, श्लोक 12)

21. विश्व रक्षणार्थ-

या श्रीः स्वयं सुकृतिनां भवनेष्वलक्ष्मीः
पापात्मनां कृतधियां हृदयेषु बुद्धिः।
श्रद्धा सतां कुलजनप्रभवस्य लज्जा
तां त्वां नताः स्म परिपालय देवि विश्वम्॥

(अ. 4, श्लोक 5)

22. विश्वताप से त्राण पाने के लिए-

देवि प्रसीद परिपालय नोऽरिभीते-
नित्यं यथासुरवधादधुनैव सद्यः।
पापानि सर्वजगतां प्रशमं नयाशु
उत्पात-पाक-जनितांश्च महोपसर्गान्॥

(अ. 11, श्लोक 34)

23. विश्व के अमांगलिक फल तथा भयनाशक-

यस्याः प्रभावमतुलं भगवाननन्तो
ब्रह्मा हरश्च न हि वक्तुमलं बलं च।
सा चण्डिकाऽखिल-जगत्-परिपालनाय
नाशाय चाशुभ-भयस्य मतिं करोतु॥

(अ. 4, श्लोक 4)

24. शक्ति प्राप्ति के लिए-

सृष्टि-स्थिति-विनाशानां शक्तिभूते सनातनि।
गुणाश्रये गुणमये नारायणि नमोऽस्तु ते॥

(अ. 11, श्लोक 11)

25. धन-पुत्रादि की वृद्धिकारक तथा बाधानाशक-

सर्वाबाधा-विनिर्मुक्तो धन-धान्य-सुतान्वितः।
मनुष्यो मत्प्रसादेन भविष्यति न संशयः॥

(अ. 12, श्लोक 13)

26. प्रसन्नता की उपलब्धि हेतु-

प्रणतानां प्रसीद त्वं देवि विश्वार्तिहारिणि।
त्रैलोक्यवासिनामीड्ये लोकानां वरदा भव॥

(अ. 11, श्लोक 35)

27. मोक्षलाभ के लिए-

विधेहि देवि कल्याणं विधेहि परमां श्रियम्।
रूपं देहि जयं देहि यशो देहि द्विषो जहि॥

(अ. स्तो., श्लोक 14)

28. सम्पूर्ण विद्याओं की प्राप्ति तथा समस्त स्त्रियों में मातृभावनात्मक-

विद्याः समस्तास्तव देवि! भेदाः
स्त्रियः समस्ताः सकला जगत्सु।
त्वयैकया पूरितमम्बयैतत्
का तै स्तुतिः स्तव्यपरा परोक्तिः॥

(अ. 11, श्लोक 6)

29. पापनाश एवं भक्ति प्राप्ति के निमित्त-

नतेभ्यः सर्वदा भक्त्या चण्डिके दुरितापहे।
रूपं देहि जयं देहि यशो देहि द्विषो जहि॥

(अ. स्तो., श्लोक 9)

30. स्वर्ग तथा मोक्ष प्राप्ति के लिए-

सर्वभूता यदा देवि स्वर्ग-मुक्ति प्रदायिनी।
त्वं स्तुता स्तुतये का वा भवन्तु परमोक्तयः॥

(अ. 11, श्लोक 7)

31. स्वप्न का शुभाऽशुभ फल-

दुर्गे देवि नमस्तुभ्यं सर्वकामार्थ-साधिके।
मम सिद्धिमसिद्धिं वा स्वप्ने सर्व प्रदर्शय॥

32. स्वराज्य प्राप्ति के लिए-

ततो वव्रे नृपो राज्यमविभ्रंश्यन्यजन्मनि।
अत्रैव च निजं राज्यं हतशत्रुबलं बलात्॥

(अ. 13, श्लोक 17)

33. इच्छित फल प्राप्ति-

एवं देव्या वरं लब्ध्वा सुरथः क्षत्रियर्षभाः॥

(अ. 13, श्लोक 28)

34. बाल रोगनाशक-

हिनस्ति दैत्यतेजांसि स्वनेनापूर्य या जगत्।
सा घण्टा पातु नो देवि! पापेभ्योऽनः सुतानिव॥

(अ. 11, श्लोक 27)

35. शत्रुनाशक-

मम वैरिवशं यातः कान् भोगानुपलप्स्यते।
ये ममानुगता नित्यं प्रसाद-धन-भोजनैः॥

(अ. 1, श्लोक 14)

36. विद्यालाभार्थ-

इत्युक्ता सा तदा देवी गम्भीरान्तः स्मिता जगौ।
दुर्गा भगवती भद्रा ययेदं धार्यते जगत्॥

(अ. 5, श्लोक 116)

37. सम्पत्तिवर्धक-

इत्थं निशम्य देवानां वचांसि मधुसूदनः।
चकार कोपं शम्भु श्च भ्रकुटीकुटिलाननौ॥

(अ. 2, श्लोक 9)

38. सुख की वृद्धि-

शब्दात्मिका सुविमलर्ग्यजुषां निधान-
मुद्गीथरम्य-पदपाठवतां च साम्नाम्।
देवी त्रयीं भगवती भव-भावनाय
वार्त्ता च सर्वजगतां परमार्तिहन्त्री॥

(अ. 4, श्लोक 10)

39. राज्यवशीकरण-

ममाऽस्य च भवत्येषा विवेकान्धस्य मूढता॥

(अ. 9, श्लोक 45)

40. सम्मोहन-

ज्ञानिनामपि चेतांसि देवी भगवती हि सा।
बलादाकृष्य मोहाय महामाया प्रयच्छति॥

(अ. 1, श्लोक 55-56)

41. मारण प्रयोग-

एवमुक्त्वा समुत्पत्य साऽऽरूढा तं महासुरम्।
पादेनाक्रम्य कण्ठे च शूलेनैनमताडयत्॥

(अ. 3, श्लोक 40)

42. धनवृद्धि हेतु-

कां सोस्मितां हिरण्यप्राकारामार्द्रा ज्वलन्तीं तृप्तां तर्पयन्तीम्।
पद्मे स्थितां पद्मवर्णा तामिहोप ह्वये श्रियम्॥

(श्रीसूक्त, श्लोक 4)

43. सकल कामना सिद्धि हेतु-

यं यं चिन्तयते कामं तं तं प्राप्नोति निश्चितम्।
परमैश्वर्यमतुलं प्राप्स्यते भूतले पुमान्॥

(दुर्गा क., श्लोक 44)

44. अर्थोपार्जन तथा सर्वकार्य की सिद्धि निमित्त-

भगवत्या कृतं सर्वं न किञ्चिदवशिष्यते॥

(अ. 4, श्लोक 34)

45. ऋणपरिहारार्थ-

अनृणा अस्मिन्ननृणाः परस्मिन् तृतीये लोके अनृणाः स्व।
ये देवयानाः पितृयाणाश्च लोकाः सर्वान्पथो अनृणा आक्षियेन॥

(अथ. का. 6, सू. 117, म. 3)

46. बन्धनमुक्ति-

सैषा प्रसन्ना वरदा नृणां भवति मुक्तये।
सा विद्या परमा मुक्तेर्हेतुभूता सनातनी॥

(अ. 1, श्लोक 57)

47. सर्वजन वशीकरण-

महामाया हरेश्चैषा तया सम्मोह्यते जगत्।
ज्ञानिनामपि चेतांसि देवी भगवती हि सा॥

(अ. 1, श्लोक 55)

48. सर्वजन सम्मोहन-

बलादाकृष्य मोहाय महामाया प्रयच्छति।
तथा विसृज्यते विश्वं जगदेतच्चराचरम्॥

(अ. 1, श्लोक 53)

49. दुर्जन सम्मोहन-

कारितास्ते यतोऽतस्त्वां कः स्तोतुं शक्तिमान् भवेत्।
सा त्वमित्थं प्रभावैः स्वैरुदारैर्देवि संस्तुता॥

(अ. 1, श्लोक 85)

50. सफलता वर्द्धक-

धर्म्याणि देवि-सकलानि सदैव कर्मा-
ण्यत्यादृतः प्रतिदिनं सुकृती करोति।
स्वर्गं प्रयाति च ततो भवती प्रसादात्
लोकत्रयेऽपि फलदा ननु देवि! तेन॥

(अ. 4, श्लोक 16)

51. निर्बाध रूप से कार्य सम्पन्नता-

त्वयैतत् धार्यते विश्वं त्वयैतत्सृज्यते जगत्।

(अ. 1, श्लोक 75)

52. दिग-बन्धन-

प्राच्यां रक्ष प्रतीच्यां च चण्डिके रक्ष दक्षिणे।
भ्रामणेनात्मशूलस्य उत्तरस्यां तथेश्वरि॥

(अ. 4, श्लोक 25)

53. शत्रुओं द्वारा कृत प्रयोगों का निष्फलीकरण-

ततो निशुम्भः सम्प्राप्य चेतनामात्तकार्मुकः।
आजघान शरैर्देवीं कालीं केसरिणं तथा॥

(अ. 1, श्लोक 29)

54. प्रभावशाली वाक्शक्ति-

मेधासि देवि विदिताऽखिलशास्त्रसारा
दुर्गासि दुर्ग भव-सागर-नौरसङ्गा।
श्रीः कैटभारि-हृदयैक-कृताधिवासा
गौरी त्वमेव शशिमौलि-कृतप्रतिष्ठा॥

(अ. 4, श्लोक 11)

55. प्रशंसाकारक-

सृष्टि-स्थिति-विनाशनां शक्तिभूते सनातनि।
गुणाश्रये गुणमये नारायणि नमोऽस्तु ते॥

(अ. 11, श्लोक 11)

56. मानसिक विषमता-

पुनरप्यतिरौद्रेण रूपेण पृथिवीतले।
अवतीर्य हनिष्यामि वैप्रचित्तांस्तु दानवान्॥

(अ. 11, श्लोक 43)

57. शत्रुमुख स्तम्भन एवं पुत्रोत्पत्ति के लिए-

स्मरन्ममैतचरितं नरो मुच्येत सङ्कटात्।
मम प्रभावात् सिंहाद्या दस्यवो वैरिणस्तथा॥

(अ. 12, श्लोक 29)

58. पुत्रप्राप्ति के लिए-

देवकीसुत गोविन्द! वासुदेव जगत्पते।
देहि मे तनयं कृष्ण! त्वामहं शरणं गतः॥

(हरिवंश पुराण)

59. देवमुख स्तम्भन-

उपसर्गानशेषांस्तु महामारी-समुद्भवान्।
तथा त्रिविधमत्पातं माहात्म्यं शमयेन्मम॥

महागणपतिस्तोत्रम्

योगं योगविदां विधूत-विविध-व्यासङ्ग-
प्रादुर्भूत-सुधारस-प्रसृमर-ध्यानास्पदाध्यासिनाम्।
आनन्दप्लवमान-बोधमधुरा-ऽऽमोदच्छटामेदुरं
तं भूमानमुपास्महे परिणतं दन्तावलास्यात्मना ॥1॥
तारश्री-परशक्तिकामरसुधा-रूपानुगं यं विदु-
स्तस्मै स्यात् प्रणतिर्गुणाधिपतये यो रागिणाऽभ्यर्थ्यते।
आमन्त्र्य प्रथमं वरेति वरदेत्यार्तेन सर्व जनं
स्वामिन् मे वशमानयेति सततं स्वाहादिभिः पूजितः ॥2॥
कल्लोलाञ्चल-चुम्बिताम्बुद-तताविक्षुद्रवाम्भोनिधौ
द्वीपे रत्नमये सुरद्रुभवनामोदैकमेदस्विनि।
मूले कल्पतरोर्महामणिमये पीठेऽक्षराम्भोरुहे
षट्कोणाकलित-त्रिकोणरचना-सत्कीर्णकेऽमुं भजे ॥3॥
चक्रप्रास-रसाल-कार्मुक-गदा-सद्बीजपुरद्विज-
ब्रीह्यग्रोत्पल-पाशपंङ्कजकरं शुण्डाग्रजाग्रद्घटकम्।
आश्लिष्टं प्रियसा सरोजकरया रत्नस्फुरद् भूषया
माणिक्यप्रतिमं महागणपितं विश्वेशमाशास्महे ॥4॥
दानाम्भः परिमेदुर-प्रसृमर-व्यालम्बिरोलम्बभृत
सिन्दूरारुण-गण्डमण्डलयुग-व्याजात् प्रशस्तिद्वयम्।
त्रैलोक्येष्ट-विधानवर्ण सुभगं यः पद्मरागोपमं
धत्ते स श्रियमातनोतु सततं देवो गणानां पतिः ॥5॥
भ्राम्यन् मन्दरघूर्णनापरवश-क्षीराब्धिवीचिच्छटा-
सच्छाया श्चल-चामर-व्यतिकर-श्रीगर्वसर्वङ्कषाः।
दिक्कान्ताघन-सारचन्दनरसा-साराश्रयन्तां मनः
स्वच्छन्दप्रसर-प्रलिप्तवियतो हेरमवदन्तत्विषः ॥6॥
मुक्ताजालकरम्बित-प्रविकसन्-माणिक्यपुञ्जच्छटा-
कान्ताः कम्बुकदम्ब-चुम्बिवतघनाम्भोज-प्रवालोपमाः।

ज्योत्स्नापूर-तरङ्ग-मंथरतरत्-सन्ध्यावयस्याश्चिरं
हेरम्बस्य जयन्ति दन्तकिरणाकीर्णाः शरीरत्विषः ॥7॥
शुण्डाग्राकलिते हेमकलशेनावर्जितेन क्षरन्
नानारत्नचयेन साधकजनान् सम्भावयन् कोटिशः।
दानामोद-विनोदलुब्ध-मधुप-प्रोत्सारणाविर्भवत्
कर्णान्दोलनखेलनो विजयते देवो गणग्रामणीः ॥8॥
हेरम्बं प्रणमामि यस्य पुरतः शाण्डिल्यमूले श्रिया
बिभ्रत्याम्बुरुहे समं मधुरिपुस्ते शङ्खचक्रे वहन्।
न्यग्रोधस्य तले सहाद्रिसुतया शम्भुस्तथा दक्षिणे
विभ्राणः परशुं त्रिशूलमितया देव्या धरण्या सह ॥9॥
पश्चात् पिप्पलमाश्रितो रतिपतिर्देवस्य रत्योत्पले
बिभ्रत्या सममैक्षवं धनुरिपुन् पौष्पान् वहन् पञ्च च।
वामे चक्रगदाधरः स भगवान् क्रीडः प्रियङ्गोस्तले
हस्तोद्यच्छुकशालिमञ्जारिकया देव्या धरण्या सह ॥10॥
षट्कोणाश्रिषु षट्सु खड्गजमुखाः पाशांकुशाभीवरान्
बिभ्राणाः प्रमदासखाः पृथुमहशोणाश्म-पुञ्जत्विषः।
आमोदः पुरतः प्रमोदसुमुखौ तं चाऽभितो दुर्मुखः
पश्चात् पार्श्वगतोऽस्य विघ्न इति यो यो विघ्नकर्तेति च ॥11॥
आमोदादिगणेश्वर-प्रियतमास्तत्रैव नित्यं स्थिताः
कान्ताश्लेष-रसज्ञ-मन्थरदृशः सिद्धि समृद्धिस्ततः।
कान्तिर्या मदनावतीत्यपि तथा कल्पेषु या गीयते
साऽन्या याऽपि मदद्रवा तदपरा द्राविण्यतः पूजिताः ॥12॥
आश्लिष्टौ वसुधेत्यथो वसुमती ताभ्यां सितालोहितौ
वर्षन्तौ वसुपार्श्वयोर्विलसतस्तौ शङ्खपद्मौ निधी।
अङ्गान्यत्वथ मातरश्च परितः शुक्रादयोऽब्जाश्रया-
स्तद्बाहो कुलिशादयः परिपतत्कालानलज्योतिषः ॥13॥
इत्थं विष्णु-शिवादि-तत्त्वतनवे श्रीवक्रतुण्डाय हुं-
कारक्षिप्त-समस्तदैत्य-पृतनाव्राताय दीप्तत्विषे।
आनन्दैक-रसावबोधलहरी-विध्वस्तससर्वोर्मये
सर्वत्र प्रथमानमुग्धमहसे तस्मै परस्मै नमः ॥14॥
सेवाहेवाकिदेवा-सुरननिकर-रफार-कोटीर-कोटी-
कोटिव्याटीकमान-द्युमणिसममणि-श्रेणिभावेणिकानाम्।

राजन्नीराजनश्रीमुखचरणनख-द्योतविद्योतमानः

श्रेयः स्थेयः स देयान् मम विमलदृशो बन्धुर-सिन्धुरास्यः ॥15॥

एतेन प्रकटरहस्यमन्त्रमाला-गर्भेण स्फुटरसंविदा स्तवेन।

स्तौति प्रचुरतरं महागणेशं तसयेयं भवति वशंवदा त्रिलोकी ॥16॥

इति श्रीमत्परमहंसपरिव्राजकाचार्य-श्रीराघवचैतन्यविरचितं

॥महागणपतिस्तोत्रं समाप्तम् ॥

प्रदोषस्तोत्रम्

जय देव जगन्नाथ जय शङ्कर शाश्वत।
जय सर्वसुराराध्यक्ष जय सर्वसुरार्चित ॥1॥

जय सर्वगुणातीत जय सर्ववरप्रद।
जय नित्य निराधार जय विश्वम्भराव्यय ॥2॥

जय विश्वैकवन्द्येश जय नागेन्द्रभूषण।
जय गौरीपते शम्भो जय चन्द्रार्धशेखर ॥3॥

जय कोटयर्कसङ्काश जयानन्त गुणाश्रय।
जय भद्र विरूपाक्ष जयाचित्य विरञ्जन ॥4॥

जय नाथ कृपासिन्धो जय भक्तार्तिभञ्जन।
जय दुस्तरं-संसार-सागरोत्तारण प्रभो ॥5॥

प्रसीद मे महादेव संसारार्तस्य खिद्यतः।
सर्वपापक्षयं कृत्वा रक्ष मां परमेश्वरः ॥6॥

महादारिद्रयमग्नस्य महापापहतस्य च।
महाशोकनिविष्टस्य महारोगातुरस्य च ॥7॥

ऋणभारपरीतस्य दह्यमानस्य कर्मभिः।
ग्रहै- प्रपीडयमानस्य प्रसीद मम शङ्कर ॥8॥

दरिद्रः प्रार्थयेद् देवं प्रदोषे गिरिजापतिम्।
अर्थाढ्यो वाऽथ राजा वा प्रार्थयेद् देवमीश्वम् ॥9॥

दीर्घमायुः सदाऽऽरोग्यं कोषवृद्धिर्वलोन्नितः।
ममाऽस्तु नित्यमानन्दः प्रसादात्तव शङ्कर ॥10॥

शत्रवः संक्षयं यान्तु प्रसीदन्तु मम प्रजाः।
नश्यन्तु दस्यवो राष्ट्रे जनाः सन्तु निरापदः ॥11॥

दुर्भिक्षमारिसन्तापाः शमं यान्तु महीतले।
यर्चयरूश्यमृद्धिश्च भूयात् सुखमाया दिशः ॥12॥

एवमाराधयेद् देवं पूजान्ते गिरिजापतिम्।
ब्राह्मणान् भोजयेत् पश्चाद् दक्षिणाभिश्च पूजयेत् ॥13॥

सर्वपापक्षयकारी सर्वरोग-निवारिणी।
शिवपूजा मयाऽऽख्याता सर्वाभीष्टफलप्रदा ॥14॥

॥इति प्रदोषस्तोत्रं सम्पूर्णम्॥

शिव-स्तुतिः

वन्दे देवमुमापतिं सुरगुरुं वन्दे जगत्कारणं
वन्दे पन्नगभूषणं मृगधरं वन्दे पशूनां पतिम्।
वन्दे सूर्य-शशाङ्क-वह्निनयनं वन्दे मुकुन्दप्रियं
वन्दे भक्तजनाश्रयं च वरदं वन्दे शिवं शङ्करम् ॥1॥

वन्दे सर्वजगद्-विहारमतुलं वन्देऽन्धक-ध्वंसिनं
वन्दे देवशिखामणिं शशिनिभ वन्दे हरेर्वल्लभम्।
वन्दे नाग-भुजङ्ग-भूषणधरं वन्दे शिवं चिन्मयं
वन्दे भक्तजनाश्रयं च वरदं वन्दे शिवं शङ्करम् ॥2॥

वन्दे दिव्यमचिन्त्यमद्वमहं वन्देऽर्कदर्पापहं
वन्दे निर्मूलमादिमूलमनिशं वन्दे मखध्वसिनम्।
वन्दे सत्यमनन्तमाद्यमभयं वन्देऽतिशान्ताकृतिं
वन्दे भक्तजनाश्रयं च वरदं वन्दे शिवं शङ्करम् ॥3॥

वन्दे भूरथमम्बुजाक्ष-विशिखं वन्दे श्रुतीघोटकं
वन्दे शैलशरासनं फणिगुणं वन्देऽधितूणीरकम्।
वन्दे पद्मजसारथिं पुरहरं वन्दे महाभैरवं
वन्दे भक्तजनाश्रयं च वरदं वन्दे शिवं शङ्करम् ॥4॥

वन्दे पञ्चमुखाम्बुजं विनयनं वन्दे ललाटेक्षणं
वन्दे व्योमगतं जटासुमुकुटं चन्द्रार्धगङ्गाधरम्।
वन्दे भस्मकृत-त्रिपुण्ड्रजटिलं वन्देष्टमूर्त्यात्मकं
वन्दे भक्तजनाश्रयं च वरदं वन्दे शिवं शङ्करम् ॥5॥

वन्दे कालहरं हरं विषधरं वन्दे मृडं धूर्जटिं
वन्दे सर्वगतं दयामृतनिधिं वन्दे नृसिंहापहम्।
वन्दे विप्र-सुरार्चितांघ्रि-कमलं वन्दे भगाक्षापहं
वन्दे भक्तजनाश्रयं च वरदं वन्दे शिवं शङ्करम ॥6॥

वन्दे मङ्गलराजताद्रि-निलयं वन्दे सुराधीश्वरं
वन्दे शङ्करमप्रमेयमतुलं वन्दे यमद्वेषिणम्।
वन्दे कुण्डलिराज-कुण्डलधरं वन्दे सहस्राननं
वन्दे भक्तजनाश्रयं च वरदं वन्दे शिवं शङ्करम् ॥7॥

वन्दे हंसमतीन्द्रियं स्मरहरं वन्दे विरूपेक्षणं
वन्दे भूतगणेशमव्ययमहं वन्देऽर्थ-राज्य-प्रदम्।
वन्दे सुन्दर-सौरभेय-गमनं वन्दे त्रिशूलायुधं
वन्दे भक्तजनाश्रयं च वरदं वन्दे शिवं शङ्करम् ॥8॥
वन्दे सूक्ष्ममनन्तमाद्यमभयं वन्देऽन्धकारापहं
वन्दे रावण-नन्दि-भृङ्गि-विनतं वन्दे सुपर्णावृत्तम्।
वन्दे शैलसुतार्धभागवपुषं वन्दे भयं त्र्यम्बकं
वन्दे भक्तजनाश्रयं च वरदं वन्दे शिवं शङ्करम् ॥9॥
वन्दे पावनमम्बरात्मविभवं वन्दे महेन्द्रेश्वरम्
वन्दे भक्तजनाश्रयाभरतरुं वन्दे नताभीष्टदम्।
वन्दे जह्नुसुताम्बिकेशमनिशं वन्दे गणाधीश्वरं
वन्दे भक्तजनाश्रयं च वरदं वन्दे शिवं शङ्करम् ॥10॥

॥इति शिवस्तुतिः सम्पूर्णाः॥

कल्कीकृतं शिवस्तोत्रम्

गौरीनाथं विश्वनाथं शरण्यं भूतावासं वासुकीकण्ठभूषम्।
त्र्यक्षं पञ्चास्यादिदेवं पुराणं वन्दे सान्द्रानन्दसन्दोहदक्षम् ॥1॥
योगीधीशं कामनाशं करालं सङ्गासङ्ग-क्लिन्नमूर्धानमीशम्।
जटाजूटाटोपरिक्षिप्तभावं महाकालं चन्द्रभालं नमामि ॥2॥
श्मशानस्थितं भूतवेतालसङ्गं नानाशस्त्रैः खड्गशूलदिभिश्च।
व्याघ्रात्युग्रा बाहवो लोकनाशे यस्य क्रोधोद्‌भूतलोकोऽस्तमेति ॥3॥
यो भूतादिः पञ्चभूतैः सिसृक्षस्तन्मात्रात्मा कालकर्मस्वभावैः।
प्रहत्येदं प्राप्य जीवत्वमीशो ब्रहानन्दे क्रीडते तं नमामि ॥4॥
स्थितौ विष्णुः सर्वजिष्णुः सुरात्मा लोकान् साधून् धर्मतेतून् विभर्ति।
ब्रह्माद्यंशे योऽभिमानी गुणात्मा शब्दाद्यङ्गैस्तं परेशं नमामि ॥5॥
यस्याज्ञया वायवो वान्ति लोके ज्वलत्यग्निः सविता याति तप्यन्।
शीतांशुः खे तारकासंग्रह श्च प्रवर्तन्ते तं परेशं प्रपद्ये ॥6॥
यस्य श्वासात् सर्वधात्री धरित्री देवो वर्षत्यम्बुकालः प्रमाता।
मेरुर्मध्ये भुवनानां च भर्ता तमीशानं विश्वरूपं नमामि ॥7॥

॥इति श्रीकल्किपुराणे कल्किकृतं शिवस्तोत्रं सम्पूर्णम्॥

महामृत्युञ्जयध्यानम्

हस्ताम्भोज-युगस्थ-कुम्भयुगलादुद्धृत्य तोयं शिरः
सिञ्चन्तं करयोर्युगेन दधतं स्वाङ्के सकुम्भौ करौ।
अक्ष-स्रग्-मृगहहस्तमम्बुजगतं मूर्द्धस्थचन्द्र स्रवत्
पीयूषोऽत्र तनुं भजे स-गिरिजं मृत्युञ्जयं त्र्यम्बकम् ॥1॥
चन्द्रोद्भासित-मूर्द्धजं सुरपतिं पीयूषपात्रं बृहद्
हस्ताब्जेन दधत् सुदिव्यममलं हास्यस्यपङ्केरुहम्।
सूर्येन्द्वग्नि-विलोचनं करतले पाशाक्षसूत्राङ्कुशा-
म्भोजं विभ्रतमक्षयं पशुपतिं मृत्युञ्जयं संस्मरे ॥2॥
स्मर्त्तव्याखिललोकवर्ति सततं यज्जङ्गमस्थावरं
व्याप्तं येन च यत्प्रपञ्चविहिहं मुक्ति श्च यत् सिद्धयति।
यद्वा स्यात् प्रणवत्रिभेदगहनं श्रुत्वा च यद् गीयते
तद्वस्तुस्थिति-सिद्धयस्तु वरदं ज्योतिस्त्रयोत्थं महः ॥3॥
ॐ त्र्यम्बकं यजामहे सुगन्धिं पुष्टिवर्धनम्।
उर्वारुकमिव वन्धनान् मृत्योर्मुक्षीय माऽमृतात् ॥4॥
ध्यायेन्नित्यं महेशं रजतगिरिनिभं चारुचन्द्रावतंसं
रत्नाकल्पोज्ज्वलाङ्गं परशुमृगवराभीतिहस्तं प्रसन्नम्।
पद्मासीनं समन्तात् स्तुतममरगणैर्व्याधिकृतिं वसानं
विश्वाद्यं विश्वबीजं निखिलभयहरं पञ्चवक्त्रं त्रिनेत्रम् ॥5॥

॥इति महामृत्युञ्जयध्यानं समाप्तम्॥

महामृत्युञ्जयस्तोत्रम्

विनियोग:-ॐ अस्य श्रीमहामृत्युञ्जयस्तोत्रमन्त्रस्य श्रीमार्कण्डेय ऋषिः, अनुष्टुप् छन्दः, श्री मृत्युञ्जयो देवता, गौरी शक्तिः, मम सर्वारिष्टसमस्तमृत्युशान्त्यर्थ सकलैश्वर्थ-प्राप्त्यर्थ च जपे विनियोगः।

ध्यानम्

चन्द्रर्कार्ग्निविलोचनं स्मितमुखं पद्मद्वयान्तः स्थितं
मुद्रापाशमृगाक्ष-सूत्रविलसत्पाणिं हिमांशुप्रभम्।
कोटीन्दु-प्रगलत्सुधाप्लुततनं हारादिभूषोज्जवलं
कान्तं विश्वविमोहनं पशुपतिं मृत्युञ्जयं भावयेत्॥
ॐ रुद्रं पशुपतिं स्थाणुं नीलकण्ठामुमापतिम्।
नमामि शिरसा देवं किं नो मृत्युः करिष्यति ॥1॥
नीलकण्ठं कालमूर्तिं कालज्ञं कालानाशनम्।
नमामि शिरसा देवं किं नो मृत्युः करिष्यति ॥2॥
नीलकण्ठं विरुपाक्षं निर्मलं मिलयप्रभम्।
नमामि शिरसा देवं किं नो मृत्युः करिष्यति ॥3॥
वामदेवं महादेवं लोकनाथं जगद्गुरुम्।
नमामि शिरसा देवं किं नो मृत्यु करिष्यति ॥4॥
देवदेवं जगन्नाथं देवेशं वृषभध्वजम्।
नमामि शिरसा देवं किं नो मृत्यु करिष्यति ॥5॥
गङ्गाधरं महादेवं सर्वाभरणभूषितम्।
नमामि शिरसा देवं किं नो मृत्यु करिष्यति ॥6॥
अनाथः परमानन्दं कैवल्यपदगामिनम्।
नमामि शिरसा देवं किं नो मृत्यु करिष्यति ॥7॥
स्वर्गापवर्गदातारं सृष्टि-स्थिति-विनाशकम्।
नमामि शिरसा देवं किं नो मृत्यु करिष्यति ॥8॥
उत्पत्ति-स्थिति-संहारकर्त्तारमोश्वरं गुरुम्।
नमामि शिरसा देवं किं नो मृत्यु करिष्यति ॥9॥

मार्कण्डेयकृतं स्तोत्रं यः पठेच्छिवसन्निधौ।
नमामि शिरसा देवं किं नो मृत्यु करिष्यति ॥10॥
शतावर्त प्रकर्तव्यं सङ्कटे कष्टनाशनम्।
नमामि शिरसा देवं किं नो मृत्यु करिष्यति ॥11॥
मृत्युञ्जय महादेव त्राहि मां शरणागतम्।
नमामि शिरसा देवं किं नो मृत्यु करिष्यति ॥12॥
तावतस्त्वद्गतप्राणस्त्वसच्चित्तोऽहं सदा मूड।
नमामि शिरसा देवं किं नो मृत्यु करिष्यति ॥13॥
नमः शिवाय साम्बाय हरये परमात्मने।
प्रणतक्लेशनाशाय योगिनां पतये नमः ॥14॥

शताङ्गायुर्मन्त्रः – ॐ ह्रीं श्रीं ह्रैं ह्रः हन हन दह दह पच पच गृहाण गृहाण मारय मारय मर्दय मर्दय महामहाभैरव भैरवरूपेण धुनुश धुनुय कम्पय कम्पय विघ्नय विघ्नय विश्वेश्वर क्षोभय कटु कटु मोहय हुं फट् स्वाहा। इति मन्त्रमात्रेण समाभीष्टो भवति।

॥इति श्रीमार्कण्डेयपुराणे मार्कण्डेयकृतं महामृत्युञ्जयस्तोत्रं सम्पूर्णम्॥

शिवाष्टकम्

पुरारिः कामारिर्निखिल-भयहारी पशुपति-
र्महेशो भूतेशो नगपतिसुतेशो नटपतिः।
कपालीयज्ञाली विबुधदलपाली सुरपतिः
सुराराध्यः शर्वो हरतु भवभीति भवपतिः ॥1॥
शये शूले भीमं दितिजभयदं शत्रुदलनं
गले मौण्डी मालां शिरसि च दधानः शशिकलाम्।
जटाजूट गङ्गामघनिवहभङ्गा सुरनदी
सुराराध्यः शर्वो हरतु भवभीति भवपतिः ॥2॥
भवो भर्गो भीमो भवभयहरो भालनयनो
वदान्यः सम्मानयो निखिलजन-सौजन्यनिलयः।
शरण्यो ब्रह्मण्यो विबुधगणगण्यो गुणनिधिः
सुराराध्यः शर्वो हरतु भवभीति भवपतिः ॥3॥
त्वमेवेदं विश्वं सृजसि सकलं ब्रह्मवपुषा
तथा लोकान् सर्वानवसि हरिरूपेण नियतम्।
लयं लीलाधाम त्रिपुरहररूपेण कुरुषे
त्वदन्यो नो कश्चिज्जगति सकलेशो विजयते ॥4॥
तथा रज्जौ भानं भवति भूजगस्यान्धकरिपौ
तथा मिथ्याज्ञानं सकलविषयाणामिह भवे।
त्वमेकश्चोत्सर्ग-स्थिति-लय-वितानं वितनुषु
भवेन्माया तत्र प्रकृतिपदवाच्या सहचरी ॥5॥
प्रभो! साऽनिर्वाच्या चितिविरतिा विभ्रमकरी
तवच्छायापत्त्या सकलघटनामञ्चति सदा।
रथो यन्तुर्योगाद् व्रजति पदवीं निर्भयतया
तथेवासी कर्त्री त्वमसि शिव! साक्षी त्रिजगताम् ॥6॥
नमामि त्वामीशं सकलसुख्दातारमजरं
परेशं गौरीशं गणपतिसुतं वेदविदितम्।

वरेण्यं सर्वज्ञं भुजगवलयं विष्णुदयितं
गणाध्यक्षं वक्षं प्रणतजनतापार्तिहरणम ॥7॥
गुणातीतं शम्भूं बुधगणमुखोद्गीतयशसं
विरूपाक्षं देवं धनपतिसखं वेदविनुतम्।
विभुं नत्वा याचे भवतु भवतः श्रीचरणयो-
र्विशुद्धा सद्भक्तिः परमपुरुषस्यादिविदुषः ॥8॥
शङ्करे यो मनः कृत्वा पठेच्छ्रीशङ्कराष्टकम्।
प्रीतस्तस्मै महादेवो ददाति सकलेप्सितम् ॥9॥

॥इति श्री मतपरमहंसपरिव्राजकाचार्य-श्रीमदुत्तराम्नाय-ज्योतिष्पीठाधीश्वर जगदगुरु-शंङ्कराचार्य-स्वामि-श्रीशान्तानन्दसरस्वतीशिष्य-स्वामि-श्रीमद अनन्तानन्दसरस्वती विरचितं श्रीशिवाष्टकं सम्पूर्णम्॥

काशीविश्वेश्वरादिस्तोत्रम्

नमः श्रीविश्वनाथाय देववन्द्यपदाय ते।
काशीशेशावतारे मे देवदेव ह्युपादिश ॥1॥
मायाधीशं महात्मानं सर्वकारणकारणम्।
वन्दे तं माधवं देवं यः काशीं चाऽधितिष्ठति ॥2॥
वन्दे तं धर्मगोप्तारं सर्वगुह्यार्थवेदिनम्।
गणदेवं ढुण्ढिराजं तं महान्तं स्वविघ्नहम् ॥3॥
भारं वोढुं स्वभक्तानां यो योगं प्राप्त उत्तनम्।
तं स-ढुण्ढिं दण्डपाणिं वन्दे गङ्गातटस्थितम् ॥4॥
भैरवं दंष्ट्राकरालं भक्ताभयकरं भजे।
दुष्टदण्ड-शूलशीर्ष-धरं वामाध्वचारिणम् ॥5॥
श्रीकाशीं पापशमनीं दमनीं दुष्टचेतसः।
स्वनिःश्रेणिं चाविमुक्तपुरीं मर्त्यहितां भजे ॥6॥
नमामि चतुराराध्यां सदाऽणिन्मि स्थितिं गुहाम्।
श्रीगङ्गे भैरवीं दूरोकुरु कल्याणि यातनाम् ॥7॥
भवानि रक्षाऽन्नपूर्णे सद्वर्णितगुणेऽम्बिके।
देवर्षिवन्द्याम्बुमणिकर्णिकां मोक्षदां भजे ॥8॥

॥इति श्रीकाशीविश्वेश्वरादिस्तोत्रं सम्पूर्णम्॥

आत्मावीरेश्वरस्तोत्रम्

ध्यानम्

विभूमि-भूषितं बालमष्टवर्षाकृतिं शिशुम्।
आकर्णपूर्णनेत्रं च सुरक्तदशनच्छदम् ॥1॥
चारु-पिङ्गजटा-मौलि नग्नं प्रहसिताननम्।
शैशवोचितनेपथ्यधारिणं चित्रहारिणम् ॥2॥
पठन्तं श्रुतिसूक्तानि हसन्तं च स्वलीलया।
एवं वीरेश्वरं ध्यात्वा स्तोत्रमेतज्जपेन्नरः ॥3॥
एवं ब्रह्मैवाऽद्वितीयं समस्तं सत्यं सत्यं नेह नानाऽस्ति किञ्चित्।
एको रुद्रो न द्वितीयोऽवतस्थे तस्मादेकं त्वां प्रपद्ये महेशम् ॥1॥
एकः कर्ता त्वं हि सर्वस्य शम्भो नानारूपेष्वेकरूपोऽप्यरूपः।
यद्वत् प्रत्यम्व्वर्क एकोऽप्यनेकस्तस्मान्नाऽन्यं त्वां विनेशं प्रपद्ये ॥2॥
रज्जौ सर्पः शुक्तिकायां च रौप्यं नैरः पूरस्तन्मृगाख्ये मरीचौ।
यद्वत् तद्वत् विष्वगेष प्रपञ्चो यस्मिन् ज्ञाते तं प्रपद्ये महेशम् ॥3॥
तोये शैत्यं दाहकत्वं च वह्नौ तापो भानौ शीतभानौ प्रसादः।
पुष्पे गन्धो दुगधमध्ये च सर्पिर्यत्तच्छम्भो त्वं ततस्त्वां प्रपद्ये ॥4॥
शब्दं गृह्णस्यश्रवास्तवं हि जिघ्रेरघ्राणस्त्वं व्यङ्घ्रिरायासि दूरात्।
व्यक्षः पश्येस्त्वं रसज्ञोऽप्यजिह्वः कस्त्वां सम्यक् वेत्त्यतस्त्वां प्रपद्ये ॥5॥
नो वेदस्त्वामीश साक्षाद् हिवे नो वा विष्णुर्नो विधाताऽखिलस्य।
नो योगेन्द्रा नेन्द्रमुख्या श्च देवा भक्तो वेद त्वामतस्त्वां प्रपद्ये ॥6॥
नो ते गोत्रं नाऽपि जन्माऽपि नाख्या नो वा रूपं नैव शीलं न देशः।
इत्यंभूताऽपीश्वरस्त्वं त्रिलाक्याः सर्वान् कामान् पूरयेस्तद्भजे त्वाम् ॥7॥
त्वतः सर्व त्वं हि सर्वं स्मरारे त्वं गौरीशस्त्वं च नग्नोऽतिशान्तः।
त्वं वै वृद्धस्त्वं युवा त्वं च बालस्तत् किं यत्त्वं भास्यतस्त्वां नतोऽस्मि॥8॥
स्तुत्वेति विप्रो निपतात भूमौ स दण्डवद्यावदतीव हृष्ट।
तावत् स बालाऽखिलवृद्धः प्रोवाच भूदेव वरं वृणीहि ॥9॥

तत उत्थाय हृष्टात्मा मुनिर्वैश्वानरः कृती।
प्रत्यब्रवीत् किमज्ञातं सर्वज्ञस्य तव प्रभो ॥10॥
सर्वान्तरात्मा भगवान् सर्वः सर्वगतो भवान्।
याच्ञां प्रतिनियुङ्क्तेमां किमीशो दैन्यकारिणीम् ॥11॥
इति श्रुत्वा वचस्तस्य देवो वैश्वानरस्य हि।
शुचेः शुचिव्रतस्याथ शुचि स्मित्वाऽब्रवीच्छिशुः ॥12॥

बाल उवाच

त्वया शुचे शुचिष्मत्यां योऽभिलाषः कृतो हृदि।
अचिरेणैव कालेनस भविष्यत्यसंशय ॥13॥
तव मुत्रत्वमेष्यामि शुचिष्मत्यां महामते।
ख्यातो गृहपतिर्नाम्ना शुचिः सर्वामरप्रियः ॥14॥
अभिलाष्टकं पुण्यं स्तोत्रमेतत्त्वयेरितम्।
अब्दं त्रिकालपठनात् कामदं शिवसन्निधौ ॥15॥
एतत् स्तोत्रस्य पठनं पुत्र-पौत्र-धनप्रदम्।
सर्वशान्तिकरं चाऽपि सर्वपत्त्यरिनाशनम् ॥16॥
स्वर्गा-ऽपवर्ग-सम्पत्तिकारकं नाऽत्र संशयः।
प्रातरुत्थाय सुस्नातो लिङ्गमभ्यर्च्य शाम्भवम् ॥17॥
वर्ष जपन्निदं स्तोत्रमपुत्रः पुत्रवान् भवेत्।
वैशाखे कार्तिके माघे विशेषनियमैर्युतः ॥18॥
यः पठेत् स्नानसमये लभते सकलं फलम्।
कार्तिकस्य तु मासस्य प्रसादादहमव्ययः ॥19॥
तव पुत्रत्वमेष्यामि यस्त्वन्यस्तत् पठिष्यति।
अभिलाषाष्टकमिदं न देयं यस्य कस्यचित् ॥20॥
गोपनीयं प्रयत्नेन महाबन्ध्याप्रसूतिकृत्।
स्त्रिया या पुरुषेणाऽपि नियमाल्लिङ्गसन्निधौ ॥21॥
अब्दं जप्तमिदं स्तोत्रं पुत्रदं नाऽत्र संशयः।
इत्युक्त्वाऽन्तर्दधे बालः सोऽपि विप्रो गृहं गतः ॥22॥

॥इति श्रीस्कन्दपुराणे काशीखण्डे वीरेश्वरस्तोत्रं सम्पूर्णम्॥

अष्टमूर्तिस्तोत्रम्

ध्यानम्

ध्यायेन्नित्यं महेशं रजत-गिरिनिभं चारुचन्द्रावतंसम्
रत्नाकल्पोज्ज्वलाङ्गं परशु-मृग-वरा-भीतिहस्तं प्रसन्नम्।
पद्मासीनं समन्तात् स्तुतममरगणैर्व्याघ्रकृत्तिं वसानं
विश्वाद्यं विश्ववन्द्यं निखिलभयहरं पञ्चवक्त्रं त्रिनेत्रम् ॥
ईशा वास्यमिदं सर्व चक्षोः सूर्यो अजायत।
इति श्रुतिरुवाचातो महादेवः परावरः ॥1॥
अष्टमूर्तेरसौ सूर्यो मूर्तित्वे परिकल्पितः।
नेत्रत्रिलोचनस्यैकमसौ सूर्यस्तदाश्रितः ॥2॥
यस्य भासा सर्वमिदं विभातीति श्रुतिरिमे।
तमेव भान्तमीशानमनुशान्ति खगादयः ॥3॥
ईशानः सर्वविद्यानां भूतानां चेति च श्रुतेः।
वेदादीनामप्यधीशः स ब्रह्मा कैर्न पूज्यते ॥4॥
यस्य संहारकाले तु न किञ्चिदवशिष्यते।
सृष्टिकाले पुनः सर्व स एकः सृजति प्रभुः ॥5॥
सूर्याचन्द्रमसौ धाता यथापूर्वमकल्पयत्।
इति श्रुतेर्महादेवः श्रेष्ठोर्यः सकलाश्रितः ॥6॥
विश्वं भूतं भवदभव्यं सर्व रुद्रात्मकं श्रुतम्।
मृत्युञ्जयस्तारकोऽतः स यज्ञस्य प्रसाधनः ॥7॥
विषमाक्षोऽपि समदृक् सशिवोऽपि शिवः स च।
वृषसंस्थोऽप्यतिवृषो गुणत्माऽप्यगुणोऽमलः ॥8॥
यदाज्ञामुद्वहन्त्यत्र शिरसा साऽसुराः सुराः।
अन्नं वातो वृष इतीषवो यस्य स विश्वपाः ॥9॥
भिषक्तमं त्वा भिषजां शृणोमीति श्रुतेरयम्।
स्वभक्त-संसारमहा-रोगहर्ताऽपि शङ्करः ॥10॥

॥इत्यष्टमूर्तिस्तोत्रं सम्पूर्णम्॥

सूर्यकवचम्

याज्ञवल्क्य उवाच

श्रृणुष्व मुनिशार्दूल! सूर्यस्य कवचं शुभम्।
शरीरारोग्यदं दिव्यं सर्वसौभाग्यदायकम् ॥1॥
देदीप्यमानमुकुटं स्फुरन्मकरकुण्डलम्।
ध्यात्वा सहस्रकिरणं स्तोत्रमेतदुदीरयेत् ॥2॥
शिरो मे भास्करः पातु ललाटं मेऽमितद्युतिः।
नेत्रे दिनमणिः पातु श्रवणे वासरेश्वरः ॥3॥
घ्राणं धर्मघृणिः पातु वदनं वेदवाहनः।
जिह्वां मे मानदः पातु कण्ठ मे सुरवन्दितः ॥4॥
स्कन्धौ प्रभाकरः पातु वक्षः पातु जनप्रियः।
पातु पादौ द्वादशात्म सर्वाङ्गं सकलेश्वरः ॥5॥
सूर्यरक्षात्मकं स्तोत्रं लिखित्वा भूर्जपत्रके।
दधाति यः करे तस्य वशगाः सर्वसिद्धयः ॥6॥
सुस्नातो यो जपेत् सम्यग् योऽधीते स्वस्थमानसः।
स रोगमुक्तो दीर्घायुः सुखं पुष्टिं च विन्दति ॥7॥

॥इति श्रीमद्याज्ञवक्ल्यमुनिविरचितं सूर्यकवचस्तोत्रं सम्पूर्णम्॥

श्रीकनकधारास्तोत्रम्

वन्दे वन्दारु-मन्दार-मिन्दिरानन्द-कन्दलम्।
अमन्दानन्द-सन्दोह-बन्धुरं सिन्धुराननाम्॥

अङ्गं हरेः पुलक-भूषणमाश्रयन्ती
भृङ्गाङ्गनेव मुकुलाभरणं तमालम्।
अङ्गीकृता-ऽखिला विभूतिरपाङ्गलीला
माङ्गल्यदाऽस्तु मम मङ्गलदेवतायाः ॥1॥

मुग्धा मुहुर्विदधती वदने मुरारेः
प्रेमत्रपा प्रणिहितानि गताऽऽगतानि।
माला-दृशो-मधुकरीव मोहोत्पले या
सा मे श्रियं दिशतु सागर-सम्भवायाः ॥2॥

विश्वामरेन्द्र-पदविभ्रम-दानदक्ष-
मानन्द-हेतुरधिकं मुर-विद्विषोऽपि।
ईषन्निषीदतु मयि क्षणमीक्षणार्ध-
मिन्दीवरोदर-सहोदर-मिन्दिरायाः ॥3॥

आमीलिताक्ष-मधिगम्य मुदा मुकुन्द-
आनन्द-कन्दमनिमेष-मनङ्ग-तन्त्रम्।
आकेकर-स्थित-कनीनिक-पक्ष्मनेत्रं
भूत्यै भवेन्मम भुजङ्ग-शयाङ्गनायाः ॥4॥

बाह्वन्तरे मुरजितः श्रियतकौस्तुभे या
हारावलीव हरिनीलमयी विभाति।
कामप्रदा भगवतोऽपि कटाक्षमाला
कल्याणमावहतु मे कमलालयायाः ॥5॥

कालाम्बुदालि-ललितोरसि कैटभारे-
धरिधरे स्फुरति या तडिदङ्गनेव।
मातुः समस्तजगतां महनीयमूर्ति-
र्भद्राणि मे दिशतु भार्गव-नन्दनायाः ॥6॥

प्राप्तं पदं प्रभमतः खलु यत् प्रभावात्
माङ्गल्यभाजि मधु-माथिनि मन्मथेन
मय्यापतेत् तदिह मन्थर-मीक्षणार्ध
मन्दाऽलसं च मकरालय-कन्यकायाः ॥7॥
दद्याद् दयानुपवनो द्रविणाम्बुधारा-
मस्मिन्न किञ्चन-विहङ्गशिशौ विषण्णे।
दुष्कर्म-घर्ममपनीय चिराय दूरं
नारायण-प्रणयिनी-नयनाम्बुवाहः ॥8॥
इष्टा-विशिष्ट-मतयोऽपि यया दयार्द्र-
दृष्ट्या त्रिविष्टपपदं सुलभं भजन्ते।
दृष्टिः प्रहृष्ट-कमलोदर-दीप्तिरिष्टां
पुष्टिं कृषीष्ट मम पुष्कर-विष्टरायाः ॥9॥
गीर्देवतेति गरुडध्वज-सुन्दरीति।
शाकम्भरीति शशिशेखर-वल्लभेति।
सृष्टि-स्थिति-प्रलय-केलिषु संस्थिता या
तस्यै नमस्त्रिभुवनैक-गुरोस्तरुण्यै ॥10॥
श्रुत्यै नमोऽस्तु शुभकर्म-फलप्रसूत्यै
रत्यै नमोऽस्तु रमणीय-गुणार्णवायै।
शक्त्यै नमोऽस्तु शतपत्र-निकेतनायै
पुष्ट्यै नमोऽस्तु पुरुषोत्तम-वल्लभायै ॥11॥
नमोऽस्तु नालीक-निभाननायै
नमोऽस्तु दुग्धोदधि जन्मभूम्यै।
नमोऽस्तु सोमामृत-सोदरायै
नमोऽस्तु नारायण-वल्लभायै ॥12॥
नमोऽस्तु हेमाम्बुज-पीठिकायै
नमोऽस्तु भूमण्डलनायिकायै।
नमोऽस्तु देवादि-दयापरायै
नमोऽस्तु शार्ङ्गायुध-वल्लभायै ॥13॥
नमोऽस्तु देव्यै भृगुनन्दनायै
नमोऽस्तु विष्णोरुरसि स्थितायै।
नमोऽस्तु लक्ष्म्यै कमलालयायै
नमोऽस्तु दामोदरवल्लभायै ॥14॥

नमोऽस्तु कान्त्यै कमलेक्षणायै
नमोऽस्तु भूत्यै भुवनप्रसूत्यै।
नमोऽस्तु देवादिभिरर्चितायै
नमोऽस्तु नन्दात्मज-वल्लभायै ॥15॥

सम्पत्कराणि सकलेन्द्रिय-नन्दनानि
साम्राज्य-दान-निरतानि सरोरुहाक्षि।
त्वद्-वन्दनानि दुरिताहरणोद्यतानि
मामेव मातरनिशं कलयन्तु मान्ये ॥16॥

यत्कटाक्ष-समुपासनाविधिः
सेवकस्य सकलार्थसम्पदः।
सन्तनोति वचनाङ्गमानसै-
सत्वां मुरारि-हृदयेश्वरीं भजे ॥17॥

सरसिजनयने! सरोजहस्ते!
धवलतमांशुक-गन्धमाल्यशोभे।
भगवति हरिवल्लभे! मनोज्ञे!
त्रिभुवन-भूतिकरि! प्रसीद मह्यम् ॥18॥

दिग्धस्तिभिः कनक-कुम्भ-मुखावसृष्ट-
स्ववाहिनी-विमल-चारुजल-प्लताङ्गीम्।
प्रातर्नमामि जगतां जगनीमशेष-
लोकाधिनाथ-गृहिणीममृताब्धि-पुत्रीम् ॥19॥

कमले! कमलाक्षवल्लभे!
तं करुणापूर-तरङ्गितैरपाङ्गैः।
अवलोक्य मामकिञ्चनानां
प्रथमं पात्रमकृत्रिमं दयायाः ॥20॥

स्तुवन्ति यं स्तुतिभिरमूभिरन्वहं
त्रयीमयीं त्रिभुवन-मातुरं रमाम्।
गुणाधिका गुरुतर-भाग्य-भाजिनी
भवन्ति ते भुवि बुधभाविताशयाः ॥21॥

सुवर्णधारा-स्तोत्रं यच्छङ्कराचार्य-निर्मितम्।
त्रिसन्ध्यं यः पठेन्नित्यं स कुबेरसमो भवेत् ॥22॥

सरस्वतीस्तोत्रम्

श्वेत-पद्मासना देवी श्वेत-पुष्पोप-शोभिता।
श्वेताम्बर-धरा नित्या श्वेत-गन्धानुलेपना ॥1॥
श्वेताक्षी शुक्लवस्त्रा च श्वेत-चन्दन-चर्चिता।
वरदा सिन्धु-गन्धर्वैर्ऋषिभिः स्तूयते सदा ॥2॥
स्तोत्रेणाऽनेन तां देवीं जगद्धात्रीं सरस्वतीम्।
ये स्तुवन्ति त्रिकालेषु सर्वविद्या लभन्ति ते ॥3॥
या देवी स्तूयते नित्यं ब्रह्मेन्द्र-सुर-किन्नरैः।
सा ममैवाऽस्तु जिह्वाग्रे पद्महस्ता सरस्वती ॥4॥
॥इति सरस्वतीस्तोत्रं समाप्तम्॥

सरस्वतीकवचम्

गुरु उवाच

श्रृणु शिष्य! प्रवक्ष्यामि कवचं सर्वकामदम्।
धृत्वा सततं सर्वैः प्रपाठ्योऽयं स्तवः शुभः॥

विनियोगः- अस्य श्रीसरस्वतीस्तोत्रकवचस्य प्रापतिर्ऋषिः, अनुष्टुपछन्दः,
शारदादेवता, 'सर्वतत्त्वपरिज्ञाने सर्वार्थसाधनेषु च। कवितासु च सर्वासु
विनियोगः
प्रकीर्तिताः॥' इति पठित्वा, विनियोगं कुर्यात्।

ॐ श्रीं ह्रीं सरस्वत्यै स्वाहा शिरो मे पातु सर्वतः।
ॐ श्रीं वाग्देवतायै स्वाहा भालं मे सर्वदाऽवतु।
ॐ सरस्वत्यै स्वाहेति श्रोते पातु निरन्तरम्।
ॐ ह्रीं श्रीं भगवत्यै सरस्वत्यै स्वाहा नेत्रयुग्मं सदाऽवतु।
ॐ ऐं ह्रीं वाग्वादिन्यै स्वाहा नासां से सर्वदाऽवतु।
ॐ ह्रीं विद्याऽधिष्ठातृदेव्यै स्वाहा चोष्ठं सदाऽवतु।
ॐ श्रीं ह्रीं ब्राह्मयै स्वाहेति दन्तपङ्क्तिं सदाऽवतु।
ॐ ऐं इत्येकाक्षरो मन्त्रो मम कण्ठं सदाऽवतु।
ॐ श्रीं ह्रीं पातु मे ग्रीवां स्कन्धौ मे श्रीः सदाऽवतु।
ॐ ह्रीं विद्याऽधिष्ठातृदेव्यै स्वाहा वक्षः सदाऽवतु।
ॐ ह्रीं विद्याऽधिस्वरूपायै स्वाहा मे पातु नाभिकाम्।
ॐ ह्रीं क्लीं वाण्यै स्वाहेति मम हस्ती सदाऽवतु।
ॐ सर्ववर्णात्मिकायै पादयुग्मं सदाऽवतु।
ॐ वागधिष्ठातृदेव्यै स्वाहा सर्व सदाऽवतु।

तत्पश्चादाशावन्धं कुर्यात्-

ॐ सर्वकण्ठवासिन्ये स्वाहा प्राच्यां सदाऽवतु।
ॐ सर्वजिह्वाऽग्रवासिन्यै स्वाहाऽग्नि दिशि रक्षतु।

ॐ ऐं ह्रीं क्लीं सरस्वत्यै बुधजनन्यै स्वाहा।
ॐ सततं मन्त्रराजोऽयं दक्षिणे मां सदाऽवतु।
ॐ ऐं ह्रीं श्रीं त्र्यक्षरो मन्त्रों नैर्ऋत्ये सर्वदाऽवतु।
ॐ ऐं ह्रीं जिह्वाऽग्रवासिन्यै स्वाहा प्रतीच्यां मां सर्वदाऽवतु।
ॐ सर्वाऽम्बिकायै स्वाहा वायव्ये मां सदाऽवतु।
ॐ ऐं ह्रीं क्लीं गद्य-पद्य-वासिन्यै स्वाहा मामुत्तरे सदाऽवतु।
ॐ ऐं सर्वशास्त्रवादिन्यै स्वाहैशान्यै सदाऽवतु।
ॐ ऐं सर्वपूजितायै स्वाहा चोर्ध्वं सदाऽवतु।
ॐ ग्रन्थबीजस्वरूपायै स्वाहा मां सर्वतोऽवतु।
इति ते कथितं शिष्य! ब्रह्म-मन्त्रौध-विग्रहम्।
इदं विश्वजयं नाम कवचं ब्रह्मरूपकम्॥

॥इति श्रीसरस्वतीकवचं समाप्तम्॥

सरस्वत्यष्टकम्

शतानीक उवाच

महामते! महाप्राज्ञ! सर्वशास्त्र-विशारद्
अक्षीणकर्मबन्धस्तु पुरुषो द्विजसत्तम ॥1॥
मरणे यज्जपेज्जाप्यं पञ्चभावमनुस्मरन्।
परम्पदमवाप्नोति तन्मे ब्रूहि महामुने ॥2॥

शौनक उवाच

इदमेव महाराज! पृष्ठवांस्ते पितामहः।
भीष्मं धर्मविदां श्रेष्ठ धर्मपुत्रो युधिष्ठिरः ॥3॥

युधिष्ठिर उवाच

पितामह! महाप्राज्ञ! सर्वशास्त्रविशारद।
बृहस्पतिस्तुता देवी वागीशाय महात्मने।
आत्मानं दर्शयामाम सूर्यकोटि-सम्प्रभम् ॥4॥

सरस्वत्युवाच

वरं वृणीष्व भगवन्! यत्ते मनसि वर्तते।

बृहस्पतिरुवाच

यदि मे वरदा देवि! दिव्यज्ञानं प्रयच्छ नः ॥5॥

देव्युवाच

हन्त ते निर्मलं ज्ञानं कुमतिध्वंसकारकम्।
स्तोत्रेणाऽनेन ये भक्त्या मां स्तुवन्ति मनीषिणः ॥6॥

बृहस्पतिरुवाच

लभते परमं ज्ञानं यत् सुरैरपि दुलर्भम्।
प्राप्नोति पुरुषो नित्यं महामायाप्रसादतः ॥7॥

सरस्वत्युवाच

त्रिसन्ध्यं प्रयतो नित्यं पठेदष्टकमुत्तमम्।
तस्य कण्ठे सदा वासं करिष्यामि न संशयः ॥8॥

॥इति श्रीपद्मपुराणे दिव्यज्ञानप्रदायकं सरस्वत्यष्टकं समाप्तम्॥

त्रिवेणीस्तोत्रम्

मुक्तामयालंकृतमुद्रवेणी भक्ताभयत्राणसुबद्धवेणी।
मत्तालिगुञ्जन्मकरन्दवेणी श्रीमत्प्रयागे जयति त्रिवेणी ॥1॥
लोकत्रयैश्वर्यनिदानवेणी तापत्रयोच्चाटनबद्धवेणी।
धर्माऽर्थ-कामाकलनैकवेणी श्रीमत्प्रयागे जयति त्रिवेणी ॥2॥
मुक्ताङ्गनामोहन-सिद्धवेणी भक्तान्तरानन्द-सुबोधवेणी।
वृत्त्यन्तरोद्वेगविवेकवेणी श्रीमत्प्रयागे जयति त्रिवेणी ॥3॥
दुग्धोदधिस्फूर्जसुभद्रवेणी नीलाभ्रशोभाललिता च वेणी।
स्वर्णप्रभाभासुरमध्यवेणी श्रीमत्प्रयागे जयति त्रिवेणी ॥4॥
विश्वेश्वरोत्तुङ्गकपर्दिवेणी विरञ्चिविष्णुप्रणतैकवेणी।
त्रयीपुराणा सुरसार्धवेणी श्रीमत्प्रयागे जयति त्रिवेणी ॥5॥
माङ्गल्यसम्पत्तिसमृद्धवेणी मात्रान्तरन्यस्तनिदानवेणी।
परम्परापातकहारिवेणी श्रीमत्प्रयागे जयति त्रिवेणी ॥6॥
निमज्जदुन्मज्जमनुष्यवेणी त्रयोदयोभाग्यविवेकवेणी।
विमुक्तजन्माविभवैकवेणी श्रीमत्प्रयागे जयति त्रिवेणी ॥7॥
सौन्दर्यवेणी सुरसार्धवेणी माधुर्यवेणी महनीयवेणी।
रत्नैकवेणी रमणीयवेणी श्रीमत्प्रयागे जयति त्रिवेणी ॥8॥
सारस्वताकार-विघातवेणी कालिन्दकन्यामयलक्ष्यवेणी।
भागीरथीरूप-महेशवेणी श्रीमत्प्रयागे जयति त्रिवेणी ॥9॥
श्रीमद्भवानीभवनैकवेणी लक्ष्मीसरस्वत्यभिमानवेणी।
माता त्रिवेणी त्रयीरत्नवेणी श्रीमत्प्रयागे जयति त्रिवेणी ॥10॥
त्रिवेणीदशकं स्तोत्रं प्रातर्नित्यं पठेन्नरः।
तस्य वेणी प्रसन्ना स्याद् विष्णुलोकं स गच्छति ॥11॥

।।इति श्रीमच्छङ्कराचार्यविरचितं त्रिवेणीस्तोत्रं सम्पूर्णम्।।

मणिकर्णिकाष्टकम्

त्वत्तीरे मणिकर्णिके हरिहरौ सायुज्यमुक्तिप्रदौ
वादं तौ कुरुतः परस्परमुभौ जन्तोः प्रयाणोत्सवे।
मद्रूपो मनुजोऽयमस्तु हरिणा प्रोक्तः शिवस्तत्क्षणात्
तन्मध्यात् भृगुलाञ्छनो गरुडगः पीताम्बरो निर्गतः ॥1॥
इन्द्राद्यास्त्रिदशाः पतन्ति नियतं भोगक्षये ते पुन-
र्जायन्तं मनुजास्ततोऽपि पशवः कीटाः पतङ्गादयः।
ये मातर्मणिकर्णिके तव जले मज्जन्ति निष्कल्मषाः
सायुज्येऽपि किरोकोस्तुभधरा नारायणः स्युर्नराः ॥2॥
काशीधखधन्यतमा विमुक्तिनगरी साऽलंकृता गङ्गया
तत्रेयं मणिकर्णिका सुखकरी मुक्तिर्हि तत्किङ्करी।
स्वर्लोकस्तुलितः सहैव विबुधैः काश्या समं ब्राह्मणा
काशी श्रीणितले स्थिता गुरुतरा स्वर्गो लघु खे गतः ॥3॥
गङ्गातीरमनुत्तमं हि सकलं तत्राऽपि काश्युत्तमा
तस्यां सा मणिकर्णिकोत्तमतमा यत्रेश्वरी मुक्तिदः।
देवानामपि दुर्लभं स्थलमिदं पापौघनाशक्षमं
पूर्वोपार्जित-पुण्यपुञ्जगमकं पुण्यैर्जनैः प्राप्यते ॥4॥
दुःखाम्भोनिधि-मग्नजन्तुनिवहास्तेषां कथं निष्कृति-
र्ज्ञात्वैतद्धि विरञ्चिना? वाराणसी शर्मदा।
लोकाः स्वर्गमुखास्ततोऽपि लघवो भोगान्तपातप्रदाः
काशी मुक्तिपुरी सदा शिवकरी धर्मार्थकामोत्तरा ॥5॥
एको वेणुधरो धराधरः श्रीवत्सभूषाधरो
यो ह्येकः किल शङ्करो विषधरो गङ्गाधरो माधवः।
ये मातर्मणिकर्णिके तव जले मज्जन्ति ते मानवा
रुद्रा वा हरयो भवन्ति बहवस्तेषां बहुत्वं कथम् ॥6॥
त्वत्तीरे मरणं तु मङ्गलकरं देवैरपि श्लाघ्यते
शक्रस्तं मनुगं सहस्रनयनैर्द्रष्टुं सदा तत्परः।

आयान्तं सविता सहस्रकिरणैः प्रत्युद्‌गतोऽभूत् सदा
पुण्योऽसौ वृषगोऽथवा गरुडगः किं मन्दिरं यास्यति ॥7॥
मध्याह्ने मणिकर्णिकांस्नपनजं पुण्यं न वक्तु क्षमः
स्वीयैरब्दशतैश्चतुर्मुखसुरो वेदार्थदीक्षागुरु।
योगाभ्यासवलेन चन्द्रशिखरस्तत्पुण्यपारं गत-
स्तवत्तीरे प्रकरोति सुप्तपुरुषं नारायणं वा शिवम् ॥8॥
कृच्छैः कोटिशतैः स्वपापनिधनं यच्चाऽश्वमेधैः फलं
तत्सर्वं मणिकर्णिकास्नमनजे पुण्ये प्रविष्टुं भवेत्।
स्नात्वा स्तोत्रमिदं नरः पठति चेत् संसारपायोनिधि
तीर्त्वा पल्वलवत् प्रयाति सदनं तेजोमयं ब्राह्मणः ॥9॥
॥इति श्रीमच्छङ्कराचार्यविरचितं मणिकर्णिकाष्टकं समाप्तम्॥

काशीपञ्चकम्

मनोनिवृत्तिः परमोपशान्तिः सा तीर्थवर्या मणिकर्णिका च।
ज्ञानप्रवाहा विमलादिगङ्गा सा काशिकाऽहं निजबोधरूपा ॥1॥
यस्यामिदं कल्पितमिन्द्रजालं चराऽचरं भाति मनोविलासम्।
सच्चित्सुखैका परमात्मरूपा सा काशिकाऽहं निजबोधरूपा ॥2॥
कोशेषु पञ्चस्वधिराजमाना दुद्धिर्भवानी प्रतिदेहगेहम्।
साक्षी शिवः सर्वगताऽन्तरात्मा सा काशिकाऽहं निजबोधरूपा ॥3॥
काश्यां हि काश्यते काशी काशी सर्वप्रकाशिका।
सा काशी विदिता येन तेन प्राप्ता हि काशिका ॥4॥
काशाक्षेत्रं शरीरं त्रिभुवनजननी व्यापिनी ज्ञानगङ्गा
भक्तिः श्रद्धा गयेयं निजगुरुचरण-ध्यानयोगः प्रयागः।
विश्वेशोऽयं तुरीयः सकलजनमनः साक्षिभूतोऽन्तरात्मा
देहे सर्व मरीये यदि वसति पुनस्तीर्थमन्यत् किमस्ति ॥5॥

।।इति श्रीमच्छङ्कराचार्यविरचितं काशीपञ्चकं सम्पूर्णम्।।

रामरक्षास्तोत्रम्

विनियोगः-अस्य श्रीरामरक्षास्तोत्रमन्त्रस्य बुधकौशिक ऋषिः, सीतारामचन्द्रो देवता, अनुष्टुप्-छन्दः, सीता-शक्तिः, श्रीमद्धनुमान् कीलकम् श्रीसीतारामचन्द्रप्रीत्यर्थे रामरक्षास्तोत्रजपे विनियोगः।

ध्यायेदाजानुबाहुं धतशरधनुषं वद्धपद्मासनस्थं
पीतं वासो वसानं नवकमलदल-स्पर्धिनेत्रं प्रसन्नम्।
वामाङ्कारूढसीता-मुखकमलमिलल्-लोचनं नीरदाभं
नानालङ्कारदीप्तं दधतमुरुजटामण्डलं रामचन्द्रम्॥

चरितं रघुनाथस्य शतकोटिप्रविस्तरम्।
एकैकमक्षर पुंसां महापातकनाशनम् ॥1॥
ध्यात्वा नीलोत्पलश्यामं रामं राजीवलोचनम्।
जानकीं लक्ष्मणोपेतं जटामुकुटमण्डितम् ॥2॥
सासितूण-धनुर्बाणपाणिं नक्तञ्चरान्तकम्।
स्वलीलया जगत्त्रातुमाविर्भूतमजं मिभूम् ॥3॥
रामरक्षां पठेत् प्राज्ञः पापघ्नीं सर्वकामदाम्।
शिरो मे राघवः पातु भालं दशरथात्मजः ॥4॥
कौसल्येयो दृशौ पातु विश्वामित्रप्रियः श्रुति।
घ्राणं पातु मखत्राता मुखं सौमित्रिवत्सलः ॥5॥
जिह्वां विद्यानिधिः पातु कण्ठं भरतवन्दितः।
स्कन्धौ दिव्यायुधः पातु भुजौ भग्नेशकार्मुकः ॥6॥
करौ सीतापतिः पातु हृदयं जामदग्न्यजित्।
मध्यं पातु खरध्वंशी नाभिं जाम्बवदाश्रयः ॥7॥
सुग्रीवेशः कटी पातु सक्थिनी हनुमत्प्रभुः।
ऊरू रघूत्तमः पातु रक्षःकुलविनाशकृत् ॥8॥
जानुनी सेतुकृत् पातु जङ्घे दशमुखान्तकः।
पादौ विभीषणश्रीवः पातु रामोऽखिलं वपुः ॥9॥

एतां रामवलोपेतां रक्षां यज सुवृतीं पठेत्।
स चिरायुः सुखी पुत्रो विजयी विनयी भवेत् ॥10॥
पाताल-भूतल-व्योमचारिणश्छद्मचारिणः।
न द्रष्टुमपि शक्तास्ते रक्षितं रामनामभिः ॥11॥
रामेति रामभद्रति रामचन्द्रेति वा स्मरन्।
नरो न लिप्यते पापैर्भुक्ति मुक्ति व विन्दति ॥12॥
जगच्जैत्रैकमन्त्रेण रामनाम्नाऽभिरक्षितम्।
यः कण्ठे धारयेत्तस्य करस्थाः सर्वसिद्धयः ॥13॥
वज्रपञ्चनामेदं यो रामकवचं स्मरेत्।
अव्याहताज्ञः सर्वत्र लभते जयमङ्गलम् ॥14॥
आदिष्टवान् यथा स्वप्ने रामरक्षामिमां हरः।
तथा लिखितवान् प्राप्तः प्रबुद्धो बुधकौशिकः ॥15॥
आरामः कल्पवृक्षाणां विरामः सकलापदाम्।
अभिरामस्त्रिलोकानां रामः श्रीमान् स नः प्रभुः ॥16॥
तरुणौ रूपसम्पन्नौ सुकुमारौ महाबलौ।
पुण्डरीक-विशालाक्षी चीरकृष्णाजिनाम्बरौ ॥17॥
फलमूलाशिनौ दान्तौ तापसी ब्रह्मचारिणौ।
पुत्रौ दशरथस्यैतो भ्रातरौ राम-लक्ष्मणौ ॥18॥
शरण्यौ सर्वसत्त्वानां श्रेष्ठौ सर्वधनुष्मताम्।
रक्षः कुललिहन्तारौ त्रायेतां नो रघुत्तमो ॥19॥
आत्तसज्जधनुषाविषुविस्पृशा-वक्षयाशुगनिषङ्गसङ्गिनौ।
रक्षणाय मम रामलक्ष्मणावग्रतः पथि सदैव गच्छताम् ॥20॥
सन्नद्ध कवची खड्गी चापबाणधरो युवा।
गच्छन् मनोरथोऽस्माकं रामः पातु सलक्ष्मणः ॥21॥
रामो दशरथिः शूरो लक्षमणानुचरो बली।
काकुत्स्थः पुरुषः पूर्णः कौसल्येयां रघूत्तमः ॥22॥
वेदान्तवेद्यो यज्ञेशः पुराणपुरुषोत्तमः।
जानकीवल्लभः श्रीमानप्रमेयपराक्रमः ॥23॥
इत्येतानि जपन्नित्यं मद्भक्तः श्रद्धयाऽन्वितः।
अश्वमेधायुतं पुण्यं सम्प्राप्नोति न संशयः ॥24॥
रामं दूर्वादलश्यामं पद्माक्षं पीतवाससम्।
स्तुवन्ति नामभिर्दिव्यैर्न ते संसारिणी नराः ॥25॥

रामं लक्ष्मणपूर्वजं रघुवरं सीतापतिं सुन्दरं
काकुत्स्थं करुणार्णवं गुणनिधिं विप्रप्रियं धार्मिकम्।
राजेन्द्रं सत्यसन्धं दशरथतनयं श्यामलं शान्तमूर्तिं
वन्दे लोकाभिरामं रघुकुलतिलकं राघवं रावणारिम् ॥26॥
रामय रामभद्राय रामचन्द्राय वेधसे।
रघुनाथाय नाथाय सीतायाः पतये नमः ॥27॥
श्रीराम राम रघुनन्दन राम राम श्रीराम राम भरताग्रज राम राम।
श्रीराम राम रणकर्कश राम राम श्रीराम राम शरणं भव राम राम ॥28॥
श्रीरामचन्द्रचरणौ मरसा स्मरामि श्रीरामचन्द्रचरणौ वचसा गृणामि।
श्रीरामचन्द्रचरणौ शिरसा नमामि श्रीरामचन्द्रचरणौ शरणं प्रपद्ये ॥29॥
माता रामो मत्पिता रामचन्द्रः स्वामी रामो मत्सखा रामचन्द्रः।
सर्वस्वं मे रामचन्द्रो दयालुर्नाऽन्यं जानेनैव जाने न जाने ॥30॥
दक्षिणे लक्ष्मणो यस्य वामे तु जनकात्मजा।
पुरतो मारुतिर्यस्य तं वन्दे रघुनन्दनम् ॥31॥
लोकाभिरामं रणरङ्गधीरं राजीवनेत्रं रघुवंशनाथम्।
कारुण्यरूपं करुणाकरं तं श्रीरामचन्द्रं शरणं प्रपद्ये ॥32॥
मनोजवं मारुततुल्यवेगं जितेन्द्रियं बुद्धिमतां वरिष्ठम्।
वातात्मजं वानरयूथ मुख्यं श्रीरामदूतं शरणं प्रपद्ये ॥33॥
कूजन्तं राम रामेति मधुरं मधुराक्षरम्।
आरुह्य कविताशाखां वन्दे बाल्मीकिमोकिलम् ॥34॥
आपदामपहर्तारं दातारं सर्वसम्पदाम्।
लोकाभिरामं श्रीरामं भूयो भूयो नमाम्यहम् ॥35॥
भर्जनं भवबीजानामर्जनं सुखसम्पदाम्।
तर्जनं यमदूतानां राम रामेति गर्जनम् ॥36॥
रामो राजमणिः सदा विजयते रामं रमेशं भजे
रामेणाऽभिहता निशाचरचमू रामाय तस्मै नमः।
रामान्नास्ति परायणं परतरं रामस्य दासोऽस्म्यहं
रामे चित्तलयः सदा भवतु मे भो राम मामुद्धर ॥37॥

रामप्रेमाष्टकम्

श्यामाम्बुदाभमरविन्द-विशालनेत्रं
बन्धूकपुष्पसदृशाधर-पाणिपादम्।
सीतासहायमुदितं धृतचापबाणं
रामं नमामि शिरसा रमणीयवेषम् ॥1॥
पटुजलधरधीर-ध्वानमादाय चापं
पवनदमनमेकं बाणमाकृष्य तूणात्।
अभयवचनदायी सानुजः सर्वतो मे
रणहतदनुजेन्द्रो रामचन्द्रः सहायः ॥2॥
दशरथकुलदीपोऽमेयबाहुप्रतापो
दशवदनसकोपः क्षालिताशेषपापः।
कृतसुररिपुतापो नन्दितोनेकभूपो
विगततिमिरपङ्को रामचन्द्रः सहायः ॥3॥
कुवलयदलनीलः कामितार्थप्रदो मे
कृतमुनिजनरक्षो रक्षसामेकहन्ता।
अपहृतदुरितोऽसौ मानमात्रेण पुंसा-
मखिलसुरनृपेन्द्रो रामचन्द्रः सहायः ॥4॥
असुरकुलकृशानुर्मानसाम्भोजभानुः
सुरनरनिकराणामग्रणीर्मे रघूणाम्।
अगणितगुणसीमा नीलमेघौघधामा
शमदमितमुनीन्द्रो रामचन्द्रः सहायः ॥5॥
कुशिकतनययागं रक्षिता लक्ष्मणाढ्यः
पवनशरनिकाय-क्षिप्तमारीचमायः।
विदलितहरचापो मेदिनोनन्दनाया
नयनकुमुदचन्द्रो रामचन्द्रः सहायः ॥6॥
पवनतनयहस्त-न्यस्तपादाम्बुजात्मा
कलशभववचोभिः प्राप्तमाहेन्द्रधन्वा।

अपरिमितशरैघैः पूर्णतूणीरधीरो
लघुनिहतकपीन्द्रो रामचन्द्रः सहायः ॥7॥
कनकविमलाकान्त्या सीतयाऽऽलिङ्गिताङ्गो
मुनिमनुजवरेण्यः सर्ववागीशवन्द्यः।
स्वजननिकरबन्धुर्लीलया बद्धसेतुः
सुरमनुजकपीन्द्रो रामचन्द्रः सहायः ॥8॥
यामुनाचार्यकृतं दिव्यं रामाष्टकमिदं शुभम्।
यः पठेत् प्रयतो भूत्वा स श्रीरामान्तिकं व्रजेत् ॥9॥

॥इति यामुनाचार्यकृतं श्रीरामप्रेमाष्टकं सम्पूर्णम्॥

गोपालस्तुतिः

नमो विश्वरूपाय विश्वस्थित्यन्तहेतवे।
विश्वेश्वराय विश्वाय गोविन्दाय नमो नमः ॥1॥
नमो विज्ञानरूपाय परमानन्दरूपिणे।
कृष्णाय गोपीनाथाय गोविन्दाय नमो नमः ॥2॥
नमः कमलनेत्राय नमः कमलमालिने।
नमः कमलनाभाय कमलापतये नमः ॥3॥
बर्हापीडाभिरामाय रामयाकुण्ठमेधसे।
राममानसहंसाय गोविन्दाय नमो नमः ॥4॥
कंसवंशविनाशाय केशिचाणूरघातिने।
कालिन्दीकूललीलाय लोलकुण्डलधारिणे ॥5॥
वृषभध्वज-वन्द्याय पार्थसारथये नमः।
वेणुवादनशीलाय गोपालवाहिमर्दिने ॥6॥
वल्लवीवदनाम्भोजमालिने नृत्यशालिने।
नमः प्रणतपालाय श्रीकृष्णाय नमो नमः ॥7॥
नमः पापप्रणाशाय गोवर्धनधराय च।
पूतनाजीवितान्ताय तृणावर्तासुहारिणे ॥8॥
निष्कलाय विमोहाय शुद्धायाशुद्धवैरिणे।
अद्वितीयाय महते श्रीकृष्णाय नमो नमः ॥9॥
प्रसीद परमानन्द प्रसीद परमेश्वर।
आधि-व्याधि-भुजङ्गेन दष्टं मामुद्धर प्रभो ॥10॥
श्रीकृष्ण रुक्मिणीकान्त गोपीजनमनोहर।
संसारसागरे मग्नं मामुद्धर जगद्गुरो ॥11॥
केशव क्लेशहरण नारायण जनार्दन।
गोविन्द परमान्द मां समुद्धर माधव ॥12॥

॥इत्याथर्वणे गोपालतापिन्युपनिषदन्तर्गता गोपालस्तुतिः समाप्ताः॥

दत्तात्रेयस्तोत्रम्

ध्यानम्

जटाधारं पाण्डुरङ्गं शूलहस्तं कृपानिधिम्।
सर्वरोगहरं देवं दत्तात्रेयमहं भजे॥

विनियोगः-अस्य श्री दत्तात्रेयस्तोत्रमन्त्रस्य भगवान्नारद-ऋषिः, अनुष्टुप्-छन्दः, श्रीदत्तः परमात्मा देवता, श्रीदत्तप्रीत्यर्थे जपे विनियोगः।

जगदुत्पत्तिकर्त्रे च स्थिति-संहारहेतवे।
भवपाशविमुक्ताय दत्तात्रेय नमोऽस्तु ते ॥1॥
जरा-जन्म-विनाशाय देहशुद्धिकराय च।
दिगम्बर दयामूर्ते दत्तात्रेयमहं भजे ॥2॥
कर्पूरकान्तिदेहाय ब्रह्ममूर्तिधराय च।
वेदशास्त्रपरिज्ञाय दत्तात्रेयमहं भजे ॥3॥
ह्रस्व-दीर्घ-कृश-स्थूल-नामगोत्र-विवर्जित।
पञ्चभूतप्रदीप्ताय दत्तात्रेयमहं भजे ॥4॥
यज्ञभोक्त्रे च यज्ञाय यज्ञरूपधराय च।
यज्ञाप्रियाय सिद्धाय दत्तात्रेय नमोऽस्तु ते ॥5॥
आदौ ब्रह्मा मध्ये विष्णुरन्ते देवः सदाशिवः।
मूर्तित्रयस्वरूपाय दत्तात्रेय नमोऽस्तु ते ॥6॥
भोगालयाय भोगाय योग्ययोग्याय धारिणे।
जितेन्द्रिय-जितज्ञाय दत्तात्रेय नमोऽस्तु ते ॥7॥
दिगम्बराय दिव्याय दिव्यरूपधराय च।
सदोदितपरब्रह्म दत्तात्रेय नमोऽस्तु ते ॥8॥
जम्बूद्वीपे महाक्षेत्रे मातापुरनिवासिने।
जयमान सतां देव दत्तात्रेय नमोऽस्तु ते ॥9॥
भिक्षाटनं गृहे ग्रामे पात्रं हेममयं करे।
नानास्वादमयी भिक्षा दत्तात्रेय नमोऽस्तु ते ॥10॥

ब्रह्मज्ञानमयी मुद्रा वस्त्रे आकाशभूतले।
प्रज्ञानधनबोधाय दत्तात्रेय नमोऽस्तु ते ॥11॥
अवधूत सदानन्द परब्रह्मस्वरूपिणे।
विदेहदेहरूपाय दत्तात्रेय नमोऽस्तु ते ॥12॥
सत्यरूपा सदाचार सत्यधर्मपरायण।
सत्याश्रय परोक्षाय दत्तात्रेयमहं भजे ॥13॥
शूलहस्त गदापाणे वनमालासुकन्धर।
यज्ञसूत्रधर ब्रह्मन् दत्तत्रेयमहं भजे ॥14॥
क्षराऽक्षरस्वरूपाय परात्परतराय च।
दत्तमुक्तिपरस्तोत्रं दत्तात्रेयमहं भजे ॥15॥
दत्तविद्यढ्य लक्ष्मीश दत्तास्वात्मस्वरूपिणे।
गुणनिर्गुणरूपाय दत्तात्रेयमहं भजे ॥16॥
शत्रुनाशकरं स्तोत्रं ज्ञान-विज्ञान-दायकम्।
सर्वपापं शमं याति दत्तात्रेय नमो नमः ॥17॥
इदं स्तोत्रं महद्दिव्यं दत्तप्रत्यक्षकारकम्।
दत्तात्रेयप्रसादाय नारदेन प्रकीर्तितम् ॥18॥

॥इति श्रीनारदपुराणे नारदकृतं दत्तात्रेयस्तोत्रं सम्पूर्णम्॥

हनुमत्कवचम्

विनियोगः - अस्य श्रीहनुमत्कवचस्य श्रीरामचन्द्र ऋषिः, वीरहनुमान् देवता, अनुष्टुप् छन्दः, मरुतात्मज इति बीजम्, अञ्जनासूनुरिति शक्तिः, श्रीरामकिङ्कर इति कीलकम्, मम सर्वरक्षार्थ श्रीहनुमत्कवचजपं करिष्ये।

ध्यानम्

ध्यायेद् बाल-दिवाकर-द्युतिनिभं देवारि-दर्पापहं
देवेन्द्र-प्रमुख-प्रशस्त-यशसं देदीप्यमानं रुचा।
सुग्रीवादि-समस्त-वानरयुतं सुव्यक्ततत्त्वप्रियं
संरक्तारुण-लोचनं पवनजं पीताम्बरालङ्कृतम् ॥1॥
हनुमान् पूर्वतः पातु दक्षिणे पवनात्मजः।
पातु प्रतीच्यामक्षघ्नः पातु सागरपारगः ॥2॥
उदीच्यामूर्ध्वगः पातु केसरी प्रियनन्दनः।
अधस्ताद् विष्णुभक्तस्तु पातु मध्ये तु पावनिः ॥3॥
लङ्काविदाहकं पातु सर्वापद्भ्यो निरञ्जनः।
सुग्रीवसचिवः पातु मस्तके वायुनन्दनः ॥4॥
भालं पातु महावीरो भ्रुवोर्मध्ये निरञ्जनः।
नेत्रे छायापहारी च पातु नः प्लवगेश्वरः ॥5॥
कपोलौ कर्णमूले तु पातु श्रीरामकिङ्करः।
नासाग्रमञ्जतासूनुः पातु वक्त्रं हरीश्वरः ॥6॥
पातु कण्ठं तु दैत्यारिः स्कन्धौ पातु सुरर्चितः।
भुजौ पातु महातेजाः करौ तु चरणायुधः ॥7॥
लङ्काविदाहकः पातु पृष्ठदेशे निरन्तरम्।
नाभिं च रामदूतस्तु कटिं पात्वनिलात्मजः ॥8॥
गुह्यं पातु महाप्राज्ञः सक्थिनी च शिवाप्रियः।
ऊरू च जानुनी पातु लङ्का-प्रसाद-भञ्जनः ॥9॥
जङ्घे पातु कपिश्रेष्ठो गुल्फौ पातु महाबलः।
अचलोद्धारकः पातु पादौ भास्करसन्निभः ॥10॥

अङ्गान्यमित-सत्त्वाढ्यः पातु पादाङ्गुलीः सदा।
सर्वाङ्गानि महाशूरः पातु रोमाणि चात्मवान् ॥11॥
हनुमत्कवचं यस्तु पठेद् विद्वान विचक्षणः।
स एवं पुरुषश्रेष्ठो भुक्तिं मुक्तिं च विन्दति ॥12॥
त्रिकालमेककालं वा जपेन् मासत्रयं पुनः।
सर्वान् कामानवाप्नोति ऐश्वर्य जयमाप्नुयात् ॥13॥
नाभिमात्रजले स्थित्वा सप्तवारं पठेद् यदि।
क्षमा-ऽपस्मार-कुष्ठादि-तापज्वर-निवारणम् ॥14॥
देवालयेऽश्वत्थमूले स्थित्वा पठति यः पुमान्।
स पुमान् जयमाप्नोति संग्रामे च स्थलान्तरे ॥15॥
यः करे धारयेन्नित्यं सर्वान् कामानवाप्नुयात्।
लिखित्वा पूजयेद् यस्तु स पुमान् जयमाप्नुयात् ॥16॥
शृङ्खलाबन्धने यस्तु इमं जपति मानवः।
तत्क्षणान् मुक्तिमाप्नोति कारागृहे तथैव च ॥17॥
भूजर्पत्रे लिखित्वा तु वध्नीयात् कण्ठदेशतः।
सर्वकार्यफलं तेषां सर्वत्र विजयो भवेत् ॥18॥

॥इति हनुमत्कवचं समाप्तम्॥

श्रीहनुमदष्टक स्तोत्रम्

श्रीरघुराज-पदाब्ज-निकेतन! पङ्कजलोचन! मङ्गलराशे!
चण्डमहाभुज-दण्डसुरारि-विखण्डनपण्डित! पाहि दयालो!।
पातकिनं च मां महतां हि सतामपि मानमुदारं
त्वां भजतो मम देहि दयाधन! हे हनुमत्! स्वपदाम्बुजदास्यम्॥1॥
संसृतिताप-महानलदग्ध-तनूरुहमर्म-तनारविवलं
पुत्र-धन-स्वजनात्म-गृहादिषु सक्तमतेरतिकिल्विषमूर्तेः।
केनचिदप्यमलेन पुराकृत-पुण्य-सुपुञ्जलवेन विभो वै
त्वां भजतो मम देहि दयाधन! हे हनुमत्! स्वपदाम्बुजदास्यम्॥2॥
संसृतिकूप-मनल्पमघोरनिदाघ-निदानमजस्रमशेषं
प्राप्यसुदुःख-सहस्रभुजङ्ग-विषैकसमाकुल-सर्वतनोर्मे।
घोरमहाकृपणापदमेव मतस्य हरे पतितस्य भवाब्धौ
त्वां भजतो मम देहि दयाधन! हे हनुमत्! स्वपदाम्बुजदास्यम्॥3॥
संसृतिसिन्धु-विशाल-कराल-महाबलकाल-झषग्रसनार्त
व्यग्र-समग्रधियं कृपणं च महामद-नक्र-सुचक्र-हृतासुम्।
काल-महारसनोर्मि-निपीडितमुद्धर-दीनमनन्यगतिं मां
त्वां भजतो मम देहि दयाधन! हे हनुमत्! स्वपदाम्बुजदास्यम्॥4॥
संसृतिघोर-महागहनेचरतो मणिरञ्जित-पुण्य-सुमूर्तेः
मन्मथभीमर-घोरमहोग्र-मृगप्रबलरार्दित-गात्रसुसन्धे।
मत्सरताप-विशेषनिपीडितबाह्यमते श्च कथञ्चिदमेयं
त्वां भजतो मम देहि दयाधन! हे हनुमत्! स्वपदाम्बुजदास्यम्॥5॥
संसृतिवृक्ष-मनेकशताघ-निदानमनन्त-विकर्मसुशाखं
दुःखफलं करणादिपताशमनङ्ग-सुपुष्पमचिन्त्य-सुमूलम्।
तं ह्यधिरुह्यहरे पतितं शरणागतमेव विमोचय मूढं
त्वां भजतो मम देहि दयाधन! हे हनुमत्! स्वपदाम्बुजदास्यम्॥6॥
संसृतिपन्नग-वक्रभयं करदंष्ट्र-महाविषदग्ध-शरीरं
प्राणविनिर्गम-भीतिसमाकुमन्धमनाथमतीव विषण्णम्।

मोहमहाकुहरे पतितं द्वययोद्धर मामजितेन्द्रियकामं
त्वां भजतो मम देहि दयाधन! हे हनुमत्! स्वपदाम्बुजदास्यम्॥7॥
इन्द्रियनामक-चौरगणैर्हत-तत्त्वविवेक-महाधनराशि
संसृतिजाल-निपातितमेव महाबलिभिश्च विखण्डितकायम्।
त्वत्पदपद्म-मनुत्तममाश्रितमाशु कपीश्वर! पाहि कृपालो!
त्वां भजतो मम देहि दयाधन! हे हनुमत्! स्वपदाम्बुजदास्यम्॥8॥
ब्रह्म-मरुद्गण-रुद्र-महेन्द्र-किरीट-सकोटि-लसत्पदनीठं
दाशरथि जपति क्षितिमण्डल एष निधाय सदैव हृदब्जे।
तस्य हनुमत एवं शिवङ्कर-मष्टकमेदनिष्टहरं वै
यः सततं हि पठेत् स नरो लभतेऽच्युत-रामपदाब्ज-निवासम् ॥9॥
॥इति श्रीमधुसूदनाश्रम-शिष्याच्युत-विरचितं हनुमदष्टकं सम्पूर्णम्॥

चन्द्रमङ्गल स्तोत्रम्

चन्द्रः कर्कटकप्रभुः सितनिभश्चात्रेय-गोत्रोद्भव-
श्यारनेश्यचतुरस्र-वारुणुख श्चापोऽप्युमाधीश्वरः।
षट् सप्तानि दशैक-शोभनफल-शौरिः प्रियोऽर्कौ गुरुः
स्वामी यामुनदेशजो हिमकरः कुर्यात् सदा मङ्गलम्॥
॥इति चन्द्रमङ्गलस्तोत्रं समाप्तम्॥

मङ्गलकवचम्

विनियोगः-अस्य श्रीअङ्गारक-कवचस्तोत्रमन्त्रस्य कश्यप-ऋषिः, अनुष्टुप् छन्दः, अङ्गारको देवता, भौमप्रीत्यर्थ जपे विनियोगः।

रक्ताम्बरो रक्तवपुः किरीटी चतुर्भुजो मेषगमो गदाभृत्।
धरासुतः शक्तिधरश्च शूलो सदा मम स्याद् वरदः प्रशान्तः ॥1॥
अङ्गारकः शिरो रक्षेन् मुखं वै धरणीसुतः।
श्रवौ रक्ताम्बरः पातु तेत्रे मे रक्तलोचनः ॥2॥
नासां शक्तिधरः पातु मुखं मे रक्तलोचनः।
भुजी मे रक्तमाली च हस्तौ शक्तिधरस्तथा ॥3॥
वक्षः पातु वराङ्ग श्च हृदयं पातु रोहितः।
कटि मे ग्रहराज श्च मुखं चैव धरासुतः ॥4॥
जानुजङ्घे कुजः पातु पादौ भक्तप्रियः सदा।
सर्वाण्यन्यानि चाङ्गानि रक्षेन्मे मेषवाहनः ॥5॥
य इदं कवचं दिव्यं सर्वशत्रुनिवारणम्।
भूत-प्रेत-पिशाचानां नाशनं सर्वसिद्धिदम् ॥6॥
सर्वरोगहरं चैव सर्वसम्पत्प्रदं शुभम्।
भुक्ति-मुक्तिप्रदं नृणां सर्व-सौभाग्य-वर्धनम् ॥7॥

॥इति श्रीमार्कण्डेयपुराणे मङ्गलकवचं सम्पूर्णम्॥

ऋणमोचनमङ्गल स्तोत्रम्

मङ्गलो भूमिपुत्रश्च ऋणहर्ता धनप्रदः।
स्थिरासनो महाकायः सर्वकर्मावरोधकः ॥1॥
लोहितो लोहिताश्च सामगानां कृपाकरः।
धरात्मजः कुजो भौमो भूतिदो भूमिनन्दनः ॥2॥
अङ्गारको यमश्चैव सर्वरोगापहारकः।
वृष्टः कर्ताऽपहर्ता च सर्वकामफलप्रदः ॥3॥
एतानि कुजनामानि नित्यं यः श्रद्धया पठेत्।
ऋणं न जायते तस्य धनं शीघ्रमवाप्नुयात् ॥4॥
धरणी-गर्भसम्भूतं विद्युत्कान्ति-समप्रभम्।
कुमारं शक्तिहस्तं तं मङ्गलं प्रणमाम्यहम् ॥5॥
स्तोत्रमङ्गारकस्यैतत् पठनीयं सदा नृभिः।
न तेषां भौमजा पीडा स्वल्पाऽपि भवति क्वचित् ॥6॥
अङ्गारक माभाग भगवन् भक्तवत्सल!।
त्वां नमामि ममाशेशमृणमाशु विनाशय ॥7॥
ऋण-रोगादि-दारिद्रयं ये चाऽन्ये ह्यपमृत्यवः।
भयं-क्लेश-मनस्तापा नश्यन्तु मम सर्वदा ॥8॥
अतिवक्र दुराराध्य भोगमुक्तजितात्मनः।
तुष्टो ददासि साम्राज्यं रुष्टो हरसि तत्क्षणात् ॥9॥
विरिञ्चि-शक्र-विष्णुनां मनुष्याणां तु का कथा।
तेन त्व सर्वसत्त्वेन ग्रहराजो महाबलः ॥10॥
पुत्रान् देहि धनं देहि त्वामस्मि शरणं गतः।
ऋण-दारिद्रय-दुःखेन शत्रुणां च भयात्ततः ॥11॥
एभिर्द्वादशभिः श्लोकैर्यः स्तौति च धरासुतम्।
महतीं श्रियमाप्नोति ह्यपरो धनदो युवा ॥12॥

।।इति श्रीस्कन्धपुराणे भार्गवप्रोक्तं ऋणमोचनमङ्गलस्तोत्रं सम्पूर्णम्।।

अङ्गारक स्तोत्रम्

विनियोगः- अस्य श्रीअङ्गारकस्तोत्रस्य विरूपाङ्गिरस ऋषिः, अग्निर्देवताः गायत्री-छन्दः, भौमप्रीत्यर्थ जपे विनियोगः।

अङ्गारकः शक्तिधरो लोहिताङ्गो धरासुतः।
कुमारो मङ्गलो भौमो महाकायो धनप्रदः ॥1॥
ऋणहर्ता दृष्टिकर्ता रोगकृद्रोगनाशनः।
विद्युत्प्रभो व्रणकरः कामदो धनहृत् कुजः ॥2॥
सामगानप्रियो रक्तवस्त्रो रक्तायतेक्षणः।
लोहितो रक्तवर्ण श्च सर्वकर्मावबोधकः ॥3॥
रक्तमाल्यधरो हेमकुण्डली ग्रहनायकः।
नामन्येतानि भौमस्य यः पठेत् सततं नरः ॥4॥
ऋणं तस्य च दौर्भाग्यं दारिद्रयं च विनश्यति।
धनं प्राप्नोति विपुलं स्त्रियं चैव मनोरमाम् ॥5॥
वंशोद्योत्तकरं पुत्रं लभते नाऽत्र संशयः।
योऽर्चयेदह्नि भौमस्य मङ्गलं बहुपुष्पकैः ॥6॥
सर्वा नश्यति पीडा च तस्य ग्रहकृता ध्रुवम् ॥7॥

॥इति श्रीस्कन्धपुराणेऽङ्गारकस्तोत्रं सम्पूर्णम्॥

भौममङ्गलस्तोत्रम्

भौमो दक्षिणदिक्-त्रिकोण-यमदिग्-विघ्नेश्वरो रक्तभः
स्वामी वृश्चिक-मेषयोः सुरगुरु श्चाऽर्क शशी सौहृदः।
ज्ञोऽरिः षट्त्रिफलप्रदश्च वसुधा स्कन्धो क्रमाद् देवते
भारद्वाजकुलोद्भवः क्षितिसुतः कुर्यात् सदा मङ्गलम्।।
।।इति भौममङ्गलस्तोत्रं समाप्तम्।।

बुधमङ्गलस्तोत्रम्

सौम्योदङ्मुख-पीतवर्ण-मगध श्चात्रेय-गोत्रोद्भवो
बाणेशानदिशः सुहृच्छनिभृगुः शत्रुः सदा शीतगुः।
कन्या युग्मपतिर्दशाष्ट-चतुरः षड्नेत्रकः शोभनो
विष्णु पौरुषदैवते शशिसुतः कुर्यात् सदा मङ्गलम्।।
।।इति बुधमङ्गलस्तोत्रं सम्पूर्णम्।।

बुधकवचम्

विनियोगः- अस्य श्रीबुधकवचस्तोत्रमन्त्रस्य कश्यप-ऋषिः, अनुष्टुप्-छन्दः, बुधो देवता, बुधप्रीत्यर्थं जपे विनियोगः।

बुधस्तु पुस्तकधरः कुङ्कुमस्य समद्युतिः।
पीताम्बरधरः पातु पीतमाल्यानुपलेपनः ॥1॥
कटि च पातु मे सौम्यः शिरोदेशं बुधस्तथा।
नेत्रे ज्ञानमयः पातु श्रोत्रे पातु निशाप्रियः ॥2॥
घ्राणं गन्धप्रियः पातु जिह्वां विद्याप्रदो मम।
कण्ठं पातु विधोः पुत्रो भुजौ पुस्तकभूषणः ॥3॥
वक्षः पातु वराङ्गश्च हृदयं रोहिणीसुतः।
नाभिं पातु सुराराध्यो मध्यं पातु खगेश्वरः ॥4॥
जानुनी रौहिणेयश्च पातु जङ्घेऽखिलप्रदः।
पादौ मे बोधनः पातु पातु सौम्योऽखिलं वपुः ॥5॥
एतद्धि कवचं दिव्यं सर्वपापप्रणाशनम्।
सर्वरोगप्रशमनं सर्वदुःख-निवारणम् ॥6॥
आयुरारोग्यशुभदं पुत्र-पौत्र-प्रवर्धनम्।
यः पठेच्छृणुयाद् वाऽपि सर्वत्र विजयी भवेत् ॥7॥

॥इति श्रीब्रह्मवैवर्तपुराणे बुधकवचं सम्पूर्णम्॥

बुधपञ्चविंशतिनाम स्तोत्रम्

विनियोगः- अस्य श्रीबुधपञ्चविंशतिनामस्तोत्रस्य प्रजापतिऋृषिः, त्रिष्टुपूछन्दः, बुधो देवता, बुधप्रीत्यर्थ जपे विनियोगः।

बुधो बुद्धिमतां श्रेष्ठो बुद्धिदाता धनप्रदः।
प्रियङ्गु-कलिकाश्यामः कञ्जनेत्रो मनोहरः ॥1॥
ग्रहोपमो रोहिणेयो नक्षत्रेशो दयाकरः।
विरुद्धकार्हिन्ता च सौम्यो बुद्धिविवर्धनः ॥2॥
चन्द्रात्मजो विष्णुरूपी ज्ञानी जो ज्ञानिनायकः।
ग्रहपीडाहरो दार-पुत्र-धान्य पशुप्रदः ॥3॥
लोकप्रियः सौम्यमूर्तिर्गुणदा गुणिवत्सलः।
पञ्चविंशतिनामानि बुधस्यैतानि यः पठेत् ॥4॥
स्मृत्वा बुधः सदा तस्य पीडा सर्वा विनश्यति।
दद्दिने वा पठेद्यस्तु लभते स मनागतम् ॥5॥

॥इति श्रीपद्मपुराणे बुधपञ्चविंशतिनामस्तोत्रं सम्पूर्णम्॥

द्वादशपञ्चरिकास्तोत्रम्

गूढ जहीहि धनागमतृष्णां कुरु सद्बुद्धि मनसि वितृष्णाम्।
यल्लभते निजकर्मोपात्तं वित्तं तेन विनोदय चित्तम् ॥1॥
अर्थमनर्थं भावय नित्यं नास्ति ततः सुखलेशः सत्यम्।
पुत्रादपि धनभाजां भीतिः सर्वत्रैषा विहिता नीतिः ॥2॥
का ते कान्ता कस्ते पुत्रः ससारोऽयमतीव विचित्रः।
कस्य त्वं कः कुत आयतस्तत्त्वं चिन्त्य यदिदं भ्रातः ॥3॥
मा कुरू जन-धन-यौवनगर्वं हरति निमेषात् कालः सर्वम्।
मायामयमिदमखिलं हित्वा ब्रह्मपदं त्वं प्रविश विदित्वा ॥4॥
कामं क्रोधं मोहं लोभं त्यक्त्वाऽऽत्मानं भावय कोऽहम्।
आत्मज्ञानविहीना मूढास्ते पच्यन्ते नरकनिगूढाः ॥5॥
सुरमन्दिर-तरुमूलनिवासः शय्या भूतलमजिनं वासः।
सर्वपरिग्रहभोगत्यागः कस्य सुखं न करोति विरागः ॥6॥
शत्रौ मित्रे पुत्रे वन्धौ मा कुरु यत्नं विग्रहसन्धौ।
भव रामचितः सर्वत्र त्वं वाञ्छस्यचिराद्यदि विष्णुत्वम् ॥7॥
त्वयि मयि चान्यत्रैको विष्णुर्व्यर्थं कुप्यसि सर्वसहिष्णुः।
सर्वस्मिन्नपि पश्यात्मानं सर्वत्रोत्सृज भेदाज्ञानम् ॥8॥
प्राणायामं प्रत्याहारं नित्याऽनित्यविवेकविचारम्।
जाप्यसमेत-समाधिविधानं कुर्ववधानं महदवधानम् ॥9॥
नलिनीदलगतसलिलं तरलं तद्वज्जीवितमतिशयचपलम्।
विद्धि व्याध्यभिमानग्रस्त लोकं शोकहतं च समस्तम् ॥10॥
का तेऽष्टादशदेशे चिन्तावातुल तव किं नास्ति नियन्ता।
यस्त्वां हस्ते सुदृढ़निबद्धं बोधयति प्रभवादिविरुद्धम् ॥11॥
गुरुचरणाम्बुज-निर्भरभक्तः संसारदचिराद्भव मुक्तः।
सेन्द्रियमानस-नियमादेवं द्रक्ष्यसि निजहृदयस्थं देवम् ॥12॥
द्वादशपञ्चरिकामय एषः शिष्याणां कथितो ह्युपदेशः।
येषां चित्ते नैव विवेकस्ते पच्यन्ते नरकमनेकम् ॥13॥

।।इति श्रीमच्छङ्कराचार्यविरचितं द्वादशपञ्जरिकास्तोत्रम्।।

चर्पटपञ्जरिका स्तोत्रम्

दिनमपि रजनी सायं प्रातः शिशिरवसन्तौ पुनरायातः।
कालः क्रीडति गच्छत्यायुस्तदपि न मुञ्चत्याशावायुः ॥1॥
भज गोविन्दं भज गोविन्दं भज गोविन्दं मूढमते (ध्रुवपदम्)।
प्राप्ते सन्निहिते मरणे नहि नहि रक्षति डुकृञ्करणे।
अग्रे वह्निः पृष्ठे भानू रात्रौ चिबुकसमर्पितजानुः।
करतलभिक्षा तरुतलवासस्तदपि न मुञ्चत्याशापाशः।
भज गोविन्दं भज गोविन्दं भज गोविन्दं मूढमते (ध्रुवपदम्) ॥2॥
यावद्वितोपार्जनसक्तस्तावन्निजपरिवारो रक्तः।
पश्चाद्धावति जर्जरदेहे वार्ता पृच्छति कोऽपि न गेहे।
भज गोविन्दं भज गोविन्दं भज गोविन्दं मूढमते (ध्रुवपदम्) ॥3॥
जटिलो मुण्डी लुञ्चितकेशः काषायाम्बर-कहुकृतवेशः।
पश्यन्नपि च न पश्यति मूढ उदरनिमित्तं बहुकृतवेशः।
भज गोविन्दं भज गोविन्दं भज गोविन्दं मूढमते (ध्रुवपदम्) ॥4॥
भगवद्गीता किञ्चिदधीता गङ्गाजल-लव-कणिका पीता।
सकृदपि तस्य मुरारिसमर्चा तस्य यमः किं कुरुते चर्चा।
भज गोविन्दं भज गोविन्दं भज गोविन्दं मूढमते (ध्रुवपदम्) ॥5॥
अङ्गं गलितं पलितं मुण्डं दशनविहीनं जातं तुण्डम्।
वृद्धो याति गृहीत्वा दण्डं तदपि न मुञ्चत्याशापिण्डम्।
भज गोविन्दं भज गोविन्दं भज गोविन्दं मूढमते (ध्रुवपदम्) ॥6॥
बालस्तावत् क्रीडासक्तस्तरुणस्तावत्तरुणीरक्तः।
वृद्धस्तावच्चिन्तामग्नः परमे ब्रह्मणि कोऽपि न लग्नः।
भज गोविन्दं भज गोविन्दं भज गोविन्दं मूढमते (ध्रुवपदम्) ॥7॥
पुनरपि जननं पुनरपि मरणं पुनरपि जननीजठरे शयनम्।
इह संसारे खलु दुस्तारे कृपयाऽपारे पाहि मुरारे।
भज गोविन्दं भज गोविन्दं भज गोविन्दं मूढमते (ध्रुवपदम्) ॥8॥
पुनरपि रजनी पुनरपि दिवसः पुनरपि पक्षः पुनरपि मासः।
पुनरप्ययनं पुनरपि वर्षं तदपि न मुञ्चत्याशामर्षम्।

भज गोविन्दं भज गोविन्दं भज गोविन्दं मूढमते (ध्रुवपदम्) ॥9॥
वयसि गते कः कामविकारः शुष्के नीरे कः कासारः।
नष्टे द्रव्ये कः परिवारो ज्ञाते तत्त्वे कः संसारः।
भज गोविन्दं भज गोविन्दं भज गोविन्दं मूढमते (ध्रुवपदम्) ॥10॥
नारीस्तनभर-नाभिनिवेशं मिथ्यामायामोहावेशम्।
एतन्मांसवसादिविकारं मरसि विचारय बारम्बारम्।
भज गोविन्दं भज गोविन्दं भज गोविन्दं मूढमते (ध्रुवपदम्) ॥11॥
कस्त्वं कोऽहं कुत आयातः का मे जननी को मे तातः।
इति परिभावय सर्वमसारं विश्वं त्यक्त्वा स्वप्नविचारम्।
भज गोविन्दं भज गोविन्दं भज गोविन्दं मूढमते (ध्रुवपदम्) ॥12॥
गेयं गीतानामसहस्रं ध्येयं श्रीपतिरूपमरस्रम्।
नेयं सज्जनसङ्गे चित्तं देयं दीनजनाय च वित्तम्।
भज गोविन्दं भज गोविन्दं भज गोविन्दं मूढमते (ध्रुवपदम्) ॥13॥
यावज्जीवो निवसति देहे कुशलं तावत् पृच्छति गेहे।
गतवति वायौ देहापाये भार्या विभ्यति तस्मिन्नकाये।
भज गोविन्दं भज गोविन्दं भज गोविन्दं मूढमते (ध्रुवपदम्) ॥14॥
सुखतः क्रियते रामाभोगः प श्चाद्धन्त शरीरे रोगः।
यद्यपि लोके मरणं शरणं तदपि न मुञ्चति पापाचरणम्।
भज गोविन्दं भज गोविन्दं भज गोविन्दं मूढमते (ध्रुवपदम्) ॥15॥
रथ्याचर्पट-विरचितकन्थः पुण्याऽपुण्य-विवर्जित-पन्थः।
नाऽहं न त्वं नायं लोकस्तदपि किमर्थं क्रियते शोकः।
भज गोविन्दं भज गोविन्दं भज गोविन्दं मूढमते (ध्रुवपदम्) ॥16॥
कुरुते गङ्गासागरगमनं व्रतपरिपालनमथवा दानम्।
ज्ञानविहीनः सर्वमतेन मुक्तिर्न भवति जन्मशतेन।
भज गोविन्दं भज गोविन्दं भज गोविन्दं मूढमते (ध्रुवपदम्) ॥17॥
॥इति श्रीमच्छङ्कराचार्यविरचितं चर्पटपञ्जरिकास्तोत्रं समाप्तम्॥

परा-पूजा

पूर्णस्यावाहनं कुत्र सर्वाधारस्य चासनम्।
स्वच्छस्य पाद्यमर्घ्यं च शुद्धस्याचमनं कुतः ॥1॥
निर्मलस्य कुतः स्नानं वस्त्रं विश्वोदरस्य च।
निरालम्बस्योपवीतं पुष्पं निर्वासनस्य च ॥2॥
निर्लेपस्य कुतो गन्धो रम्यस्याभरणं कुतः।
नित्यतृप्तस्य नैवेद्यस्ताम्बूलं च कुतो विभीः ॥3॥
प्रदक्षिणं ह्यनन्तस्य ह्यद्वयस्य कुतो नतिः।
वेदवाक्यैरवेद्यस्य कुतः स्तोत्रं विधीयते ॥4॥
स्वयं प्रकाशमानस्य कुतो नीराजनं विभोः।
अन्तर्वहि श्च पूर्णस्य कथमुद्वासनं भवेत् ॥5॥
एवमेव परा-पूजा सर्वावस्थासु सर्वदा।
एकबुद्धया तु देवेश! विधेया ब्रह्मवित्तमैः ॥6॥

॥इति परा-पूजा समाप्ता॥

तुलसीकवचम्

विनियोगः-अस्य श्रीतुलसीकवचस्तोत्रमन्त्रस्य श्रीमहादेव-ऋषिः, अनुष्टुप्-छन्दः, श्रीतुलसीदेवता, मनसीप्सितकामनासिद्ध्यर्थं जपे विनियोगः।

तुलसी श्रीमहादेवी नमः पङ्कजधारिणी।
शिरो मे तुलसी पातु भालं पातु यशस्विनी ॥1॥
दृशौ मे पद्मनयना श्रीसखी श्रवणे मम।
घ्राणं पातु सुगन्धा मे मुखं च सुमुखी मम ॥2॥
जिह्वां मे पातु शुभदा कण्ठं विद्यामयो मम।
स्कन्धौ कह्लारिणी पातु हृदयं विष्णुवल्लभा ॥3॥
पुण्यदा मे पातु मध्यं नाभि सौभाग्यदायिनी।
कटि कुण्डलिनी पातु ऊरू नारदवन्दिता ॥4॥
जननी जानुनी पातु जङ्घे सकलवन्दिता।
नारायणप्रिया पादौ सर्वाङ्गं सर्वरक्षिणी ॥5॥
सङ्कटे विषमे दुर्गे भये वादे महाहवे।
नित्यं हि सन्ध्ययोः पातु तुलसी सर्वतः सदा ॥6॥
इतीदं परमं गुह्यं तुलस्याः कवचामृतम्।
मर्त्यानाममृतार्थाय भीतानामभयाय च ॥7॥
मोक्षाय च मुमुक्षूणां ध्यानिनां ध्यानयोगकृत्।
वशाय वश्यकामानां विद्यायै वेदवादिनाम् ॥8॥
द्रविणाय दरिद्राणां पापिनां पापशान्तये ॥9॥
अन्नाय क्षुधितानां च स्वर्गाय स्वर्गमिच्छताम्।
पशव्यं पशुकामानां पुत्रदं पुत्रकाङ्क्षिणाम् ॥10॥
राज्याय भ्रष्टराज्यानामशान्तानां च शान्तये।
भक्त्यर्थं विष्णुभक्तानां विष्णौ सर्वान्तरात्मनि ॥11॥
जाप्यं त्रिवर्ग-सिद्ध्यर्थं गृहस्थेन विशेषतः।
उद्यन्तं चण्डकिरणमुपस्थाय कृताञ्जलिः ॥12॥

तुलसीकानने तिष्ठन्नासीनो वा जपेदिदम्।
सर्वान् कामानवाप्नोति तथैव मम सन्निकधिम् ॥13॥
मम प्रियकरं नित्यं हरिभक्तिविवर्धनम्।
या स्यान्मृतप्रजा नारी तस्या अङ्गं प्रमार्जयेत् ॥14॥
सा पुत्रं लभते दीर्घजीविनं चाप्यरोगिणम्।
वन्ध्याया मार्जयेदङ्गं कुशैर्मन्त्रेण साधकः ॥15॥
साऽपि संवत्सरादेव गर्भं धत्तं मनोहरम्।
अश्वत्थे राजवश्यार्थी जपेदग्नेः सुरूपभाक ॥16॥
पलाशमूले विद्यार्थी तेजोऽर्थ्यभिमुखो रवेः।
कन्यार्थी चण्डिकागेहे शत्रुहत्यै गृहे मम ॥17॥
श्रीकामो विष्णुगेहे च उद्याने स्त्री वशा भवेत्।
किमत्र बहुनोक्तेन शृणु सैन्येश तत्त्वतः ॥18॥
यं यं काममभिध्यायेत्तं तं प्राप्नोत्यसंशयम्।
मम गेहगतस्त्वं तु नरकस्य बधेच्छया ॥19॥
जपन् स्तोत्रं च कवचं तुलसीगतमानसः।
मण्डलत्तारकं हन्ता भविष्यसि न संशयः ॥20॥

॥इति श्रीब्रह्माण्डपुराणे तुलसीकवचं सम्पूर्णम्॥

जन्मभूमिदर्शनफलम्

कपिला-गोसहस्रं च यो ददाति दिने दिने।
तत्फलं समवाप्नोति जन्मभूमेः प्रदर्शनात् ॥1॥
जन्मान्तरसहस्रेण यत्पापं समुपार्जितम्।
तत्सर्व नाशमाप्नोति जन्मभूमेः प्रदर्शनात् ॥2॥
पुत्रार्थी लभते पुत्रं धनार्थी लभते धनम्।
मोक्षार्थी मोक्षमाप्नोति जन्मभूमेः प्रदर्शनात् ॥3॥

रमेशस्तोत्रम्

प्रातः स्मरामि वरकुण्डलशोभिगण्डं शीतांशु-मण्डलमुखंसितवारिजाक्षम्।
आताम्र-कम्र-मुदिताधरविम्बजृम्भं ध्यातृप्रहर्षकरहासरसं रमेशम् ॥1॥
प्रातर्भजामि घृतकौस्तुभकम्बुकण्ठं स्फीतात्मवक्षसि विराजितभूरिहारम्।
भीत-स्वभक्त-भयभञ्जनपाणिपद्मं शातोदरार्पित-जगद्भरमब्जनाभम् ॥2॥
प्रातर्नमामि शुभकिङ्किणि मेखलाङ्गं पीताम्बरं करि करोरुमुदारजानुम्।
ध्यातांघ्रियुग्मरुचिरं जिकञ्जजात-वातादिदेव-वरमौलिमणि मुकुन्दम्॥3॥
वादिराजयति-प्रोक्तं श्लोकत्रयमिदं सदा।
प्रातःकोल पठेन्मर्त्यः सर्वपापैः प्रमुच्यते ॥4॥
मन्त्रविदो विष्णुभक्तास्तैर्याः प्रोक्तास्तथाऽऽशिषः।
ता निष्फला भविष्यन्ति न कदाचिदिति स्फुटम् ॥5॥

॥इति श्रीमत्पञ्चरात्रागमे पूजाकाण्डे प्रातःस्मरणविधिः समाप्ताः॥

ब्रह्मस्तोत्रम्

जितं ते पुण्डरीकाक्ष! पूर्णषाड्-पुण्यविग्रह।
परमानन्द परंब्रह्म नमस्ते चतुरात्मने॥

भैरव स्तुतिः

करकलित-कपालः कुण्डली दण्डपाणि-
स्तरुण-तिमिर-नील-व्याल-यज्ञोपवीती।
क्रतुसमय-सपर्या विघ्न-विच्छेदहेतु-
र्जयति वटुकनाथः सिद्धिदः साधकानाम्॥

पाण्डुरङ्ग स्तुतिः

समचरणसरोजं सान्द्रनीलाम्बुदाभंजघन-
निहित-पाणिं मण्डनं मण्डनानाम्।
तरुण-तुलसिमाला-कन्धरं कञ्जनेत्रं
सदय-धवलहासं विट्ठलं चिन्तयामि॥

रामचन्द्र स्तुतिः

ध्यायेदाजानुबाहुं धृतशरधनुषं बद्धपद्मासनस्थं
पीतं वासो वसानं नव-कमलदल-स्पर्द्धिनेत्रं प्रसन्नम्।
वामाङ्कारूढसीता-मुखकमल-मिलल्लोचनं नीरदाभं
नानालङ्कारदीप्तं दधतमुरुजटामण्डलं रामचन्द्रम् ॥1॥
कल्याणाानां निधानं कलिमलमथनं पावनं पावनानां
पाथेयं यन्मुमुक्षोः सपदि परमप्राप्यते प्रस्थितस्य।
विश्रामस्थानमेकं कविवरवचसां जीवनं सज्जनानां
बीजं धर्मद्रुमस्य प्रभवतु भवतां भूतये रामनाम ॥2॥
राज्यं येन पटान्त-लग्न-तृणवत्त्यक्तं गुरोराज्ञया
पाथेयं परिगृह्य कार्मुकवरं घोरं वनं प्रस्थितः।
स्वाधीनः शशिमौलिचापविजयं प्राप्तो न वै विक्रियां
पायाद् वः स विभीषणाग्रजनिहा रामाभिधानो हरिः ॥3॥

भगवती स्तुतिः

प्रातः स्मरामि शरदिन्दु-करोज्ज्वलाभां
सद्रत्नवन्मकर-कुण्डल-हारभूम्।
दिव्यायुधोर्जित-सुनील-सहस्रस्तां
रक्तोत्पलाभ-चरणां भवतीं परेशाम् ॥1॥
प्रातर्नमामिमिहिषासुर-चण्ड-मुण्ड-
शुम्भासुर-प्रमुखदैत्य-विनाशदक्षाम्।
ब्रह्मेन्द्र-रुद्र-मुनि-मोहन-शील-लीलां
चण्डीं समस्त-सुर-मूर्तिमनेकरूपाम् ॥2॥
प्रातर्भजामि भजतामभिलाषदात्रीं
धात्रीं समस्त-जगतां दुरितापहन्त्रीम्।
संसार-बन्धन-विमोचन-हेतुभूतां
मायां परां समधिगम्य परस्य विष्णोः ॥3॥

॥इति भगवती-स्तुतिः समाप्ताः॥

दशमहाविद्या नामानि

काली तारा महाविद्या षोडशी भुवनेश्वरी।
भैरवी छिन्नमस्ता च विद्या धूमावती तथा ॥1॥
बगला सिद्धिविद्या च मातङ्गी कमलात्मिका।
एता दश महाविद्याः सिद्धिविद्याः प्रकीर्तिताः ॥2॥

काली स्तुतिः

रक्ता-ऽब्धि-पोतारुण-पद्मसंस्थां
पाशाङ्कुशेष्वास-शराऽसि-बाणान्।
शूलं कपालं दधतीं कराऽब्जै
रक्तां त्रिनेत्रां प्रणमामि देवीम्॥

तारा स्तुतिः

मातर्नीलसरस्वति प्रणमतां सौभाग्य-सम्पत्प्रदे
प्रत्यालीढ-पदस्थिते शवहृदि स्मेराननाम्भोरुहे।
फुल्लेन्दीवरलोचने त्रिनयने कर्त्री कपालोत्पले
खड्गञ्चादधतीं त्वमेव शरणं त्वामीश्वरीमाश्रये ॥1॥
वाचामीश्वरि भक्तकल्पलतिके सर्वार्थसिद्धेश्वरि!
गद्य-प्राकृत-पद्यजात-रचना-सर्वार्थसिद्धिपदे!।
नीलेन्दीवर-लोचनत्रययुते कारुण्यवारानिधे!
सौभाग्यामृत-वर्द्धनेन कृपयां सिञ्चत्वमस्मादृशम् ॥2॥

षोडशी स्तुतिः

कालव्यक्त-विभाकरामितनिभां भव्यप्रदां भारतीम्
ईषत्फुल्ल-मुखाम्बुज-स्मितकरैराशा-भवान्धापहाम्।
पाशं साभयमङ्कुशं च वरदं संविभ्रतीं भूतिदां
भ्राजन्तीं चतुरम्बुजाकृतिकरैर्भक्त्या भजे षोडशीम् ॥1॥
बालार्कमण्डलाभासां चतुर्बाहुं त्रिलोचनाम्।
पाशाऽङ्कु-शरां श्चापं धारयन्तीं शिवां भजे ॥2॥

भुवनेश्वरी स्तुतिः

उद्यद्दिनद्युति-मिन्दुकिरीटां तुङ्गकुचां नयनत्रययुक्ताम्।
स्मेरमुखीं वरदाङ्कुश-पाशा-भीतिकरां प्रभजे भुवनेशीम् ॥1॥
जगज्जनानन्दकरीं जयाख्यां यशस्विनीं यन्त्रसुयज्ञयोनिम्।
जितामितामित्र-कृतप्रपञ्चां भजामहे श्रीभुवनेश्वरीं ताम् ॥2॥
हरौ प्रसुप्ते भुवनत्रयान्ते अवातरन्नाभिजपद्मजन्मा।
विधिस्ततोऽनधे विदधारयत्पदं भजामहे श्रीभुवनेश्वरीं ताम् ॥3॥

छिन्नमस्ता स्तुतिः

नामौ शुद्ध-सरोज-वक्त्र-विलसद्-बन्धूक-पुष्पारुणं
भास्वाद्-भास्कर-मण्डलं तदुदरे तद्योनिचक्रं महत्।
तन्मध्ये विपरीत-मैथुनरत-प्रद्युम्न-सत्कामिनी-
पृष्ठस्थां तरुणार्क-कोटि-विसलत्तेजःस्वरूपां भजे॥

त्रिपुरभैरवी स्तुतिः

उद्यद्भानु-सहस्रकान्तिमरुण-क्षौमां शिरोमालिकां
रक्तालिप्त-पयोधरां जपपटीं विामभीतिं वरम्।
हस्ताब्जैर्दधतीं त्रिनेत्रविलसद्-वक्त्रारविन्दश्रियं
देवीं बद्ध-हिमांशु-रत्नमुकुटां वन्दे समन्द-स्मिताम्॥

मातङ्गी स्तुतिः

श्यामां शुभ्रांशुभालां त्रिकमल-नयनां रत्नसिंहासनस्थां
भक्ताभीष्ट-प्रदात्रीं सुर-निकरकरा-सेव्यकञ्जाङ्घ्रि-युग्माम्।
नीलाम्भोजांशुकान्तिं निशिचर-निकरारण्य-दावाग्निरूपां
पाशं खड्गं चतुर्भिर्वर-कमलकरैः खेटकं चाङ्कुशं च ॥1॥
नमस्ते मातङ्ग्यै मृदुमुदित-तन्वै तनुमतां
परश्रेयोदायै कमलचरण-ध्यान-मनसाम्।
सदा संसेव्यायै सदसि विबुधैर्दिव्य-धिपणै-
र्दयाद्रयै देव्यै दुरितदलनाद्दण्डमनसे ॥2॥

बगला स्तुतिः

मध्ये सुधाब्धि-मणि-मण्डप-रत्नवेद्यां
सिंहासनोपरिगतां परिपीतवर्णाम्।
पीताम्बराभरण-माल्य-विभूषिताङ्गी
देवीं स्मरामि धृत-मुद्गर-वैरिजिह्वाम् ॥1॥
चलत्करनक-कुण्डलोल्लसित-चारुगण्डस्थलां
लसत्करनक-चम्पक-द्युतिमदिन्दुबिम्बाननाम्।
गदाहत-विपक्षकां कलित-लोलजिह्वां चलां
स्मरामि बगलामुखीं विमुख-वाङ्-मनःस्तम्भिनीम् ॥2॥
जिह्वाग्रमादाय करेण देवीं वामेन शत्रून् परिपीडयन्तीम्।
गदाभिघातेन च दक्षिणेन पीताम्बराढ्यां द्विभुजां नमामि ॥3॥
प्रभातकाले प्रयतो मनुष्यः पठेत् सुभक्त्या परिचिन्त्य पीताम्।
द्रुतं भवेत् तस्त समस्त-वृद्धिर्विनाशमायाति च तस्य शत्रुः ॥4॥

धूमावती स्तुतिः

प्रातर्या स्यात् कुमारौ कुसुम-कलिकया जापमाला जपन्ती
मध्याह्ने प्रौढरूपा विकसित-वदना चारुनेत्रा निशायाम्।
सन्ध्यायां वृद्धरूपा गलित-कुचयुगा मुण्डमालां वहन्ती
सा देवी देवदेवी त्रिभुवनजननी कालिका पातु युष्मान्॥

कमलात्मिका स्तुतिः

ध्यानम्

कान्त्या काञ्चन-सन्निभां हिमगिरि-प्रख्य श्चतुर्भिर्गजै-
हस्तोत्क्षिप्त-हिरणमया-ऽमृत-घटैरासिच्यमानां श्रियम्।
बिभ्राणां वरमब्ज-युग्ममभयं हस्तैः किरीटोज्ज्वलां
क्षौमावद्ध-नितम्ब-बिम्ब-ललितां वन्देऽरविन्दास्थताम्।।

स्तोत्रम्

त्रैलोक्य-पूजिते देवि! कमले विष्णुवल्लभे।
यथा त्वमचला कृष्णे तथा च मयि स्थिरा ।।1।।
ईश्वरी कमला लक्ष्मी श्चला भूतिर्हरिप्रिया।
पद्मा पद्मालया सम्यगुच्चैः श्रीपद्मधारिणी ।।2।।
द्वादशैताति नामानि लक्ष्मीं सम्पूज्य यः पठेत्।
स्थिरा लक्ष्मीर्भवेत् तस्य पुत्र-दारादिभिः सह ।।3।।

।।इति श्रीकमलात्मिका-स्तुतिः समाप्ता।।

डायमंड बुक्स द्वारा प्रकाशित
शिव पुराण
विष्णु पुराण
स्कंद पुराण
कल्कि पुराण
भविष्य पुराण
कूर्म पुराण
हरिवंश पुराण
गणेश पुराण
ब्रह्म पुराण
ब्रह्मवैवर्त पुराण
गरुड़ पुराण
देवी भागवत् पुराण
www.diamondbooks.in